赤十字標章の歴史

〝人道のシンボル〟をめぐる国家の攻防

著者…フランソワ・ブニョン
訳者…井上忠男

東信堂

〝赤十字の事業と標章が宗教的な印象を与えたり、哲学的思想と結びつくことをデュナンはいかなる意味でも望まなかったし、デュナンの仲間やジュネーヴ条約加盟国の人々も同様だった。むしろ、赤十字運動は、あらゆる種類のあらゆる境遇の人々に奉仕するだけでなく、そうした人々を結集させるものである。〟

マックス・フーバー

「赤十字の諸原則と課題」

訳者はしがき

世界中で広く知られている赤十字標章（Red Cross emblem）は、戦場で傷病兵の医療救護活動に従事する医療要員や医療施設・資機材を識別して保護するために一八六四年のジュネーヴ条約で初めてその使用が認められました。

赤十字標章は、赤十字の創始者アンリ・デュナンの祖国スイスに敬意を表し、スイスの国旗の色を逆転して採用された宗教的な意味のない標章とされてきました。

しかし、今日では赤十字標章のほか、多くのイスラム教国が赤十字の代わりに赤新月（Red Crescent）標章を使用することが認められ、さらに二〇〇五年一二月八日に採択されたジュネーヴ諸条約第三追加議定書により、赤十字と赤新月のどちらの標章の使用も望まない国は、赤の水晶（Red Crystal）標章を使用することが認められました。

戦時において医療要員等を保護する国際的な保護標章は、世界共通の唯一の標章であることが望ましいはずですが、なぜこれら三つの標章が並存するようになったのか。その歴史的経緯を当時の国際会議の議事録から解き明かしたのが本書です。そこには赤十字の誕生から百年以上にわたって議場で繰り広げられてきた「人道のシンボル」を巡る国家の攻防の歴史がありました。

本書は一九七七年に赤十字国際委員会から刊行されたフランソワ・ブニョン（François Bugnion）著 **"The Emblem of the Red Cross—A Brief history—"** の日本語訳です。

原著者のフランソワ・ブニョン氏は、赤十字国際委員会法務原則部次長、同委員会国際法・協力部長、国際赤十字・赤新月運動常置委員会委員などを務めた赤十字の重鎮であり、赤十字や赤十字標章の歴史に関する多くの書物を著しています。二〇〇七年には、本書の改訂版ともいえる **"Red Cross, Red Crescent, Red Crystal"**（赤十字国際委員会刊）を執筆しましたが、赤十字標章を巡る初期の国際的議論については本書の方が詳細に記述されており、本書は現在でも赤十字標章の歴史に関する最も基本的な文献として定評があります。

とはいえ、本書は一九七七年に刊行されたものであるため、一九七〇年代以降の赤十字標章を巡る議論を補足し解説する必要があるので、〈訳者による補記〉として「赤十字標章を巡る現在の状況と赤のクリスタル標章の採用」と題する章を補足しました。

赤十字標章は、戦時において医療救護活動を確実に保護するためにも平時から適正に使用し管理することが必要であり、ジュネーヴ諸条約と同追加議定書並びに各国の国内法はその使用を厳しく制限し、戦時においては保護標章の背信的使用はジュネーヴ諸条約の重大な違反行為とされています。赤十字標章の意味を正しく理解し、使用するためにも標章の歴史を知ることが不可欠であり、本書を通じて赤十字標章の意義と価値について人々の理解が一層深まることを期待します。

なお、ジュネーブの赤十字国際委員会の翻訳許可取得にあたりご尽力をいただいた赤十字国際委員会東京事務所の真壁仁美氏にこの場をお借りして御礼申し上げます。

二〇一二年八月

訳　者

はしがき

負傷兵の輸送車両や病院に標識を施すことは古代からの慣行だが、一九世紀中頃までは国により異なる色でこれらを表示していた。例えばオーストリアでは白旗、フランスでは赤旗、スペインとアメリカでは黄旗だった。これらの標識は一般的によく知られていなかったので、ほとんど尊重されなかった。負傷者を輸送する荷馬車は、救護活動に従事していることを示す標識を外部に表示しなかったためしばしば砲撃され、銃弾でハチの巣にされることもあった。いずれにしても交戦者間に特別な協定は結ばれず、これらの標識に何ら法的根拠はなかった。もちろんこれらの車両への攻撃は遺憾なことではあるが、それは戦争法違反になるわけではなかった。

そのため野戦病院は通常、前線の遥か後方の敵の砲撃の射程外に置かれた。それは犠牲者が担架や麦藁敷きの馬車で長時間呻きながら運ばれることを意味した。彼らの折れた肋骨はきしみ、傷口は感染にさらされた。

資材がかなり遠方に分散した衛生部隊は、その業務に見合う能力を保持していなかった。一八五九年六月二四日の「ソルフェリーノの戦い」ではフランス・サルジニア軍の補給将校は傷病兵を搬送するのに六日を要した。自由の利かない犠牲者たちは、飢えとハエ、感染症や略奪に六日間もさらされた。傷口は壊疽を起こし、軍の衛生部隊にできることは四肢切断がせいぜいだった。戦闘から帰還する軍隊はまさに身体障害者の長蛇の列となった。

アンリ・デュナンは、自らがソルフェリーノで目撃した事態に何かをなすべきだと考えた。戦争から三年後、彼は自らの主張を『ソルフェリーノの思い出』という一冊の本の中で訴えたが、それはにわかに大きな反響を呼んだ。

この本が新聞で紹介されるやいなやデュナンの理想を実現するためにジュネーブに委員会――傷者救護の国際委員会――が設立された。この委員会は、後に赤十字国際委員会となるが、委員会は自らに二つの目標を課した。

・軍隊の傷者救護委員会を各国に設立すること。これらの委員会は戦争が起こると同時に即座に活動できるように常設とすること。
・軍隊の医療用車両及び医療要員を常に尊重することを条約により政府に約束させること。

これら二つの発想は、ソルフェリーノの戦いの後、自発的に組織された慈善委員会とは全く異なる新しいものだった。それまでの援助は準備不足からしばしば遅きに失することがあった。新しい委員会は、任務遂行に平時から備えるために常設のものとされた。委員会は篤志の看護者を訓練し、医療器材を備蓄し、必要な資器材と輸送手段を確保し、活動に備えなければならなかった。このような準備がなければ負傷者への時宜を得た援助は不可能であっただろう。

また、これらの発想は医療用車両や看護要員に中立の地位を認める一時的な協定に代わるものとなった。戦争が起これば、これらの協定はほとんど締結されることはなく、その協定も戦争が終われば直ちに無効となり、次の戦争の前に更新される保障もなかった。必要なことは、平時に締結された多くの国々を拘束する厳粛かつ恒久不変の約束であった。戦争が勃発し、それが続く間、これなくして医療用車両や医療要員に中立の地位を保障することはできなかった。

これは大胆な試みである。しかし、傷者救護の国際委員会は、この二つの目標を同時に達成するために意欲的に取り組んだ。一八六三年と一八六四年にジュネーブで国際会議が開催された。前者の会議が赤十字運動の起源であり、同会議が採択した規約により一二〇カ国(＊訳者注：二〇一二年六月現在、赤新月社を含み一八七カ国）に赤十字・赤新月社が設立されている。

その翌年の会議により一八六四年のジュネーヴ条約が成立し、これが近代人道法の起源となった。一八六四年のジュネーヴ条約は、一九〇六年、一九二九年、一九四九年に改訂され、一四〇カ国（＊訳者注：二〇一二年六月現在、一九四カ国）が戦地における傷者の状態改善に関するジュネーヴ条約の当事国となっている。

国際委員会の二つの目標の達成は、唯一の標章の採択を意味する。各国がそれぞれ独自の標章を採用した場合、医療用車両と医療要員をいかにして保護できるだろうか。そのためには遠方から識別でき、分かりやすく、あらゆる人々に知られ、敵も味方も同一の標章、つまり傷者や医療要員を尊重する、法により定められた標章が必要だったのである。

古代から白旗が降伏や交渉の意志を示す印とされてきたが、慣習法によれば白旗は休戦の印であり、白旗を誠実に表示するものを砲撃することは禁止されていた。これに赤色を加えることで旗が意味するものは更に進化し、休戦を意味すると同時に傷病者と医療要員への尊重を求める印となった。

保護標章が効果的であるためには、あらゆる人々がそれを知っていなければならなかった。またどこでも同じ標章でなければならなかった。標章の普遍性が不可欠であり、それは一八六三年の赤十字規約と一八六四年のジュネーヴ条約の絶対的な条件だった。

さらに標章の保護を保障するために、標章は法により認められたものでなければならなかった。各国が好きなように医療用車両を表示したり、全く表示しなかった場合には、これらの車両への攻撃を違法とすることはできない。しかし、ジュネーヴ条約によれば、条約で定められた標章により保護を受ける医療用車両を意図的に攻撃するものは、自らを法の保護の対象外に置き、復仇にさらされる可能性があり、拘束されれば処罰の対象となる。

つまり、国際法で承認された標準となる保護標章が必要となる。そのために軍隊の衛生部隊と傷者救護委員会が派遣する篤志の看護者を保護するために両者が同じ標章を採用したが、これは理に適っている。後者は本来、前者を援助するものだからである。

われわれは、赤十字標章の採用によりどのような願いが実現したかを観てきたが、負傷者の尊重を確保したいという願いから普遍的な保護標章の採択へと導いた一連の思想には、まったく宗教的意図はなかった。しかし一八七六年以降、一部の者たちがジュネーヴ条約の標章はキリスト教の象徴であるという主張を行ってきた。その結果、普遍的な承認という望みが打ち砕かれ、赤十字以外の標章が提案され、法によるそれらの承認が要求された。時が経過し、これらの要求は次第に高まり、ついに一九二九年の外交会議では留保を付しながらも赤新月と赤のライオン及び太陽の標章を承認した。

この新しい状況の欠陥は直ちに明らかになり、一九四九年の外交会議は対立する二つの主張に直面した。すなわち、一つの標章に戻るべきだという主張と、すでに承認された標章より更に宗教的、文化的または国家的な伝統に相応しい新たな標章を承認すべきだという主張である。結果として一九四九年の会議は、一九二九年に確立された状況を存続させた。戦地にある軍の傷者の状態の改善に関する一九四九年のジュネーヴ第一条約第三八条は、現在、効力ある基本的規定であるが、それには次のようにある。

スイスに敬意を表するため、スイス連邦の国旗の配色を転倒して作成した白地に赤十字の紋章は、軍隊の衛生機関の標章及び特殊標章として維持されるものとする。

もっとも、赤十字の代わりに白地に赤新月又は赤のライオン及び太陽を標章としてすでに使用している国については、それらの標章は、この条約において同様に認められるものとする。

本書は、赤十字標章とその普遍性が脅かされてきた歴史を国際会議の議事録から探るものであり、三章から構成される。

第一章は最も長い章であり、一八六三年、一八六四年、一九二九年、一九四九年の会議及び一八九九年、一九〇七年のハーグ会議における標章に関する議論を概観する。特に赤十字国際委員会の立場に注目する。

第二章は既存の三つの標章に加えて、新たな標章を承認するという提案を概観する。

「むすび」では、今日の状況（＊訳者注：本書執筆当時の一九七〇年代後半の状況）について簡単に分析する。

巻末には文献目録を付した。

目　次／赤十字標章の歴史

赤十字標章の歴史

“人道のシンボル”をめぐる国家の攻防

フランソワ・ブニョン著

赤十字国際委員会

第一章　標章の統一

1　起　源

赤十字の創始者にとり初期の関心事の一つは、軍隊の衛生活動とその傷者の救護団体のために統一の識別標章を採用する問題だったようである。

傷者救護の国際委員会――後の赤十字国際委員会（ＩＣＲＣ）――の第一回会議の議事録には次のようにある。

最終的に徽章、制服又は腕章が採用され、これにより広く採用されたこれらの識別標章を表示する者には正式な承認が与えられるだろう。[1]

これは一八六三年二月一七日の会議のことであり、この時は軍隊の傷者の救護団体はまだ単なる理念に留まり、ジュネーヴ条約も一つの素案に過ぎなかった。

さらに、救護団体を設立するため一八六三年一〇月に国際会議を開催すべく、国際委員会は規約案を起草し、その第九条で次のように定めた。

あらゆる国の篤志の看護者は、識別のために同一の制服又は標章を着用するものとする。これらは不可侵とし、軍の指揮官はこれらを保護するものとする。[2]

国際委員会が起草した規約案に基づき会議の議事が進行した。規約案第九条は、一八六三年一〇月二八日の第三回会議で議論された。

冒頭、フランス代表プリヴァルが医療用車両に中立の地位を与えることを勧告する修正案を提出した。この動議をプロシアの医師レフラーが支持した。[3]議長を務めた国際委員会のモワニエは、これらの提案は会議で政府への勧告を起草する時に改めて議論すると発言した。[4]

国際委員会の医師アッピアは、国際的な識別標章が重要であることを強調し、第一節に「会議は左腕に白い腕章をつけることを提案する」の一文を追加することを提案した。アッピアはさらに、旗が兵士を鼓舞するように、それを見ただけでこの種の事業に最も必要な高潔な軍人魂を鼓舞し、あらゆる文明人に等しく見られるこの種の事業を触発するような象徴的効果のある印を考慮すべきだと主張した。[5]

この時には、赤十字の標章に何の疑問もなかった。この時のアッピアの発言には本質的要素が込められていた。すなわち、次の要素である。

(1)　国際的に認められた識別標章を採用すべきであること
(2)　この標章は、国際協定により保護すべきであること
(3)　この標章は、無意識に兵士の尊重を喚起するものであること

当時の議事録には、アッピアが提案した白い腕章になぜ赤十字を付け加えたのか言及はない。[6]議事録は単に次のように記している。

協議に続き、アッピアの提案は白地の腕章に赤十字を加えるという修正の後に採択された。[7]

1　起　源　6

ブリエール医師（スイス）は、医療用車両と医療要員の問題を再び取り上げた。

彼は、傷病者は敵味方なく救護され、彼らの看護に従事する者は保護され捕虜とはならないこと、各国の軍病院と医療用車両はすべて同じ旗を表示し、旗を表示する場所は不可侵の救護施設と見なし、できれば特別な色の制服又は容易に識別できる一つの識別標章を各国軍隊の衛生部隊が表示することを奨励した。[8]

ブリエールは、識別標章の統一と傷病者保護の国際制度の設立は不可分であることを明確に訴えた。

会議閉会前の一〇月二九日、傷者救護のための篤志救済団体の設立に関する一〇か条の規約が採択された。同時に傷病者保護の国際制度の構築にも着目したが、この件は会議の権限を逸脱していたため会議は勧告を行うに留めた。[9]

とにかく同一の標章を採用することが軍の傷者の保護制度には不可欠に思われた。同一の標章という原則は、篤志の看護者に関する第八条に反映された。

看護者は、あらゆる国で同一の識別標章として白地に赤十字の腕章を着用するものとする。[10]

衛生要員については、次のようにある。

同一の識別標章を軍の衛生部隊の標章とし、少なくとも衛生任務に当たる軍のあらゆる要員にこれが適用される。あらゆる国が医療用車両と病院のために同じ旗を採用するものとする。[11]

一八六三年の会議の勧告は、単なる希望の表明ではなかった。翌年、スイス政府は条約により戦地における軍の衛生活動の中立を確保するため、ジュネーブに外交会議を招集した。国際委員会は、その条約草案を起草したが、その第九条には一八六三年の会議の勧告3が反映された。すなわち、あらゆる軍隊の衛生要員と衛生従事者のために同一の識別腕章を認めるものとする。また、あらゆる国が軍隊の医療用車両と病院のために同じ旗を採用するものとする。腕章と旗は、一八六三年一〇月のジュネーブ国際会議で採択されたもの（白地に赤十字）とする。[12]

一八六四年の外交会議は、一八六三年の専門家会議を継承した。一八六四年八月一二日の第四会議で第九条が議論された時は、唯一の識別標章として赤十字を採用することに誰も反対しなかった。[13]

一八六四年八月二二日のジュネーヴ条約第七条は、次の通りである。

病院、医療用車両、負傷兵護送部隊を識別するために同一の旗を採用するものとする。この旗はあらゆる場合において国旗と併用しなければならない。

中立を享受する要員は腕章を着用することができるが、その発行は軍当局が行うものとする。旗と腕章は、白地に赤十字を付したものとする。[14]

この規定は、一九〇六年の条約でも同様だが、一九二九年の会議まで普遍的規則となっていた。

標章は、あらゆる国で同じものでなければならないという規則は、トルコが参加した一八六八年のジュネーブ会議[15]でも、一八七四年のブリュッセル会議[16]でも異論はなかったようだ。[17]

2 ロシア・トルコ戦争（一八七六年〜一八七八年）

ロシア・トルコ戦争では、標章はすべて同じという原則は有効だったが、事実上、無視された。トルコは一八六五年七月五日、一八六四年のジュネーヴ条約に留保を付さずに加入した。[18] しかし、一八七六年一一月一六日、トルコ政府は条約の寄託国であるスイス政府に対し、自国の医療用車両の保護標章として白地に赤新月を使用することを通告した。[19] トルコは通告の中で、ジュネーヴ条約の識別標章は、「イスラム教徒の兵士が嫌悪感を抱くため、トルコはジュネーヴ条約上の権利行使を妨げられてきた」と主張した。[20] 併せてトルコの救護団体がコンスタンチノープルに再編成され、同社は赤新月を採用した。[21]

赤十字国際委員会（ＩＣＲＣ）は、トルコ救護社といかに協力すべきか、また赤新月の採用がジュネーヴ条約にどのように影響するかという二つの問題に直面した。

一八七七年四月三〇日付の回状で、ＩＣＲＣは各社にトルコ救護社の承認について通知し、[22]その中で次のように記した。

われわれは、トルコ救護社が中立要員の特殊標章として白地に赤新月の旗と腕章を採用したことに各社の注意を喚起しなければならない。

ジュネーヴ条約締約国に対しトルコが提起した赤十字に代わる赤新月の採用は、トルコ救護社を他社との関係において極めて特異な立場に置くことになる。[23]

……ジュネーヴ条約締約国が同意する前に、赤十字の代わりに赤新月を採用するというトルコの正式留保を受け入れた以上は、われわれはトルコ救護社が人道主義に役立つ活動を行うと信ずるものである。[24]

これ以上、明確なことはないだろう。

トルコの赤新月採用が、ジュネーヴ条約にどのように影響するかがジュネーヴ条約締約国の最大の関心事だった。ジュネーヴ条約の主唱者としてICRCは、「軍の傷者救護のための国際委員会会報」の第三〇号、第三一号の二つの論文で委員会の見解を表明した。[25] 論文は、トルコの決定に対するジュネーヴ条約締約国の反応に言及した。オーストリア・ハンガリーとロシアは、国家の紋章を中立と保護の標章として採用する危険性を指摘した。[26] フランスの見解は、次の通りである。

（赤十字標章へのトルコ政府の）異議は、直ちには表明されなかったと考えるのが道理である。なぜなら、赤十字は病院の中立を示すために採用されたという赤十字標章の正しい意味とスイス連邦の旗のデザインに発想を得た宗教的意味のない標章であること、さらに全権代表の脳裏にあるようにジュネーヴ条約の締結交渉で主導的役割を果たした名誉ある国（スイス）への敬意から採用された標章であることをトルコは理解していたからである。[27]

ICRCの立場は、さらに明確だった。

……ジュネーヴ条約に留保を付さずに加入し、「病院、医療用車両、負傷兵護送部隊を識別するために同じ旗を採用するものとする。……中立を享受する要員は腕章を着用することができるが……旗と腕章は、白地に赤十字を付したものとする」と定める第七条を受諾した後、トルコが大戦前夜になって締約国に対し、一方的に条約の文章に重大な変更を加えることは驚くべきことである。

いかなる締約国であれ、勝手に契約を変更し、追加条文や改訂といった事前の決議もなしに他の締約国に変更を迫ることは許し難いことである。[28]

ＩＣＲＣは、標章の統一を放棄することの危険性を引き続き強調した。それは、結果としてイスラム教徒が宗教的な印と誤解している赤十字とトルコの宗教的、国家的な紋章である赤新月の対立を生む。こうして保護標章は民族と宗教的心情の対立に巻き込まれることになる。そのような対立は、特に宗教的な熱狂が激化する戦時においては避けなければならない。[29]

トルコは、もし変更の要求が認められなければ、ジュネーヴ条約の尊重を軍に強制することはできないと示唆していた。トルコ、ロシア両国負傷兵への脅威が差し迫っていたので、開戦直前にあった戦争を考慮し、ＩＣＲＣは妥協した。[30]

しかし、これは標章の統一性を永久に放棄するものではなかった。これは一八七七年六月三〇日の通信からも明らかである。

……交戦国が合意するいかなる協定も前例とはならず、現下の戦争が終結次第、終了することは十分理解されていた。[31]

スイス連邦内閣の態度も同じだった。[32]

＊＊＊

このことから二つの事実が明らかになった。第一は、トルコの一方的な決定は、ＩＣＲＣ、条約の寄託国及び締約国にこの戦争の期間中だけに認められた現実を突きつけた。一つの標章という規則に異議が投げかけられたが規則が崩壊したわけではなかった。第二は、ＩＣＲＣが即座にかつ明確に条約の正当性と標章の統一を擁護した点である。

寄託国と締約国が交わした文書により生まれた法的状況は、ハーグ会議とジュネーブ会議

（一八九九年、一九〇六年及び一九〇七年）まで変わらなかった。

この通信のやりとりから三つの結論が導かれる。

(1)　ICRCは、複数の標章には反対であること

(2)　ICRCは、国家的、宗教的な保護標章には反対であること

(3)　ICRCは、条約が承認していない標章をトルコが採用したことでトルコの救護社は異常な状態に置かれることを指摘したこと[33]

これまで見てきたように、今日まで続く議論のあらゆる本質的要素がすでに当時から見られたのである。

3　平和会議と改定会議（一八九九年、一九〇七年のハーグ会議、一九〇六年のジュネーブ会議）

ICRCは一八六四年の条約の原則を海戦に適用することに一八六六年から関心を抱いてきた。

一八六八年、この問題を議論するためにスイス連邦内閣は外交会議を招集した。会議は

一八六四年八月二二日のジュネーヴ条約を補完する一五の規定（うち九つが海戦に関する規定）を採択した。[34] これらの規定は批准されず、海戦に適用される法は不明確なままだった。[35]

この状況を改善することが一八九九年のハーグ平和会議の目的の一つであり、会議は一八六四年八月二二日のジュネーヴ条約の原則を海戦に適用する条約草案を作成した。[36]

病院船の保護問題を議論することは標章の議論を再燃させることを意味したが、第二委員会第一小委員会がこの問題を扱った。この問題は第二委員会で再び議論された。[37]

トルコ、ペルシャ、シャムの代表は、自国の病院船を保護する独自の特殊標章を求める発言を行った（それぞれ赤新月、赤のライオン及び太陽、仏陀の炎の印で、最後の印は十字を入れ込む）。

アメリカ代表は、十字には特にキリスト教国に訴えかける宗教的性格があるので、あらゆる国に承認される別の標章を採用する方がよいと発言した。[38]

スイス代表オディィエ[39]は、会議はジュネーヴ条約改訂の提案に意見を述べる権限はなく、一八六四年の条約改訂のために召集される会議のみがこの問題を審議することができると述べた。[40] この主張が認められ、会議は様々な意見を単に記録するに留めた。[41]

トルコ、ペルシャ、シャムは、ハーグ第三条約を署名、批准し、保護標章に関していかなる留保も付さなかった。[42]この問題は、スイス政府が一八六四年の条約改訂のために招集した一九〇六年のジュネーブ会議で再び議論された。スイス政府が招聘国に送付した質問表の一二番目で標章問題に言及した。

白地に赤十字を唯一の特殊標章（条約第七条）として維持すべきか、それともトルコのように赤十字の代わりに赤新月を使用する非キリスト教国のために例外を認めるべきか検討すること。[43]

イギリス全権代表は条約草案を準備し、その第一四条は赤十字を唯一の保護標章と定めていた。[44]イギリスは、その付属文書で赤十字の標章の由来に言及することでトルコ軍が抱いている反論を防げるだろうと主張した。[45]

標章問題は第四委員会に提出され、同委員会はその第二回会議でこれを議論した。[46]会議の経過は、議長を務めたロシアのマルテンスにより公表された。彼は標章の統一を支持していた。マルテンスの後任のオランダ代表は、赤十字標章の維持を支持して次のように発言した。

この標章が宗教的意味を持つと考えるのは間違いである。それは単にスイス国旗の配色を転倒しただけである。[47]

イギリスとギリシャも唯一の標章に賛成した。ギリシャ代表は、唯一の標章から離脱した場合の深刻な結果を強調し、この標章が宣言する保護を保障できない国がジュネーヴ条約当事国であり続けることができるのかと問い詰めた。[48] マルテンスは、ロシア・トルコ戦争に言及して発言した。

一八七七年、トルコは自国の軍隊が赤十字標章を尊重することを保障できず、ジュネーヴ条約の遵守を確保できないと発言した。そして赤十字の代わりに赤新月を採用する提案を行った。ロシアはこの提案を受け入れるしかなかった。でなければロシアの衛生部隊は保護を失ってしまったであろう。しかし、標章の変更は誤解に基づくものである。ハーグ会議議事録によれば、これには二カ国が留保を付した。[49]

アジアの四カ国の代表が引き続き発言した。[50] 日本代表は、日本は赤十字標章にいかなる宗教的意味も抱かず、それに異論はないと発言した。[51] 中国代表は、すでに自国政府に歴史的かつ妥当な解釈を伝えており、その趣旨に沿った指示を受けることを期待すると発言した。[52]

ペルシャ代表モンタズ・オズ・サルタンが同様の発言を行い、非キリスト教国が直面する赤十字を特殊標章として使用する難しさは、十字の宗教的な意味によるものではなく歴史的理由によるものであり、少なくともペルシャでは、十字はイスラム信仰に従って尊重されていると付け加えた。[53]

シャム代表も同様の発言をした。[54] 議長が赤十字を唯一の識別標章として維持する問題を投票にかけようとした時、イギリス代表が発言した。

アーダー卿は、標章に宗教的性格があるかないかを会議が明確にするように提案した。議長は、そのために会議を召集した。誰も発言しなかったので、議長は赤十字標章に宗教的な意味を抱くものはないと記録した。

またルノー（フランス代表）は、標章の起源を次のように本文に記すよう提案した。

「……スイスに敬意を表して、白地に赤十字の標章を軍の衛生活動の特殊標章及び徽章として認める。[55]」

次に本件に関して留保を認めるべきか意見が交わされた。

中国のロウ・ツェン・ツィンは、各国代表は留保を行うことが認められるのかと質した。これに対し議長は、留保はあらゆる代表の当然の権利であると答えた。オーストリア・ハンガリーのシュキングは、この標章を採択した場合、国によっては署名しない国があるのか質問した。

議長は、今、意見交換したばかりであることを考えれば、そのような国はないと思うと述べた。こうして問題は投票にかけられた。

棄権三（中国、ペルシャ、シャム）を除き、赤十字標章の統一が全会一致で採択された。

議長は、標章同様に腕章の統一も合意されたことを指摘した。[56]

委員会の第三回会議でシャム代表は、赤十字をジュネーヴ条約の標章として留保を付さずに受諾すると述べた。[57]

起草委員会を代表してフランスのルイ・ルノーが総会に提出した報告は、標章に関する決議について次のように解説している。

第一の問題は、白地に赤十字を唯一の特殊標章（一八六四年条約の第七条）として維持すべきかどうかだった。

すでに四〇年以上も続いている現状と、あらゆる文明国ですでに身近なものとなった名称を変更しようという提案はなされなかった。変更は一般大衆を混乱させ、条約が推進しようとする人道事業に多大な支障を来たすことになる。さらに変更の動機は何ら見当たらない。赤十字標章はいかなる意味でも宗教的な印ではなく、十字は先人達により採用されてきたことはよく知られている。彼らは、会議の開催国となり会議を開催するために主導的役割を担ってきたスイスに思いを馳せた。彼らは、スイスに敬意を表したいと願うとともに、神聖な条約により中立国となったスイスから借用した標章は、特に彼らが意図する目的に最適であると考えた。それ故、彼らはスイス国旗を転倒して採用した。それは作成が容易であり、分かりやすく鮮明な色の対比により極めて識別しやすい紋章である。

この説明はあらゆる要件を満足させるものであり、採択された標章がいかなる宗教的心情を害するものでないことを証明した。

会議は、標章には宗教的な意味がないこと、提案の文言は、純粋に赤十字の歴史的起源と標章の性格を強調するためであることを確認した。当初は、標章はスイスの紋章を転倒して借用したことに言及する必要はないと思われたが、結局、言及する方が適切だということになった。用いられた表現は、標章に宗教的意味がないことを暗に明確にしている。数カ国の非キリスト教国の代表がこの説明に満足を表明し、またこれらの政府が条約第七条で強調する原則の維持に反対しなかったことに留意したい。

会議は、「十字は正方形五つから成る」と記し、十字の形状を特定する理由はないと考えた。会議は、詳細な記述は無意味なだけでなく危険であると考えた。実際、標章の形状は長期にわたり世界中で使用されてきたので神聖視されており、誰もそれを放棄することなど考えないだろう。さらに形状を厳密に規定すると、ある宗教が使用する異なる比率や寸法の十字は、ジュネーヴ条約の特殊標章ではないので濫用ではないといった主張に援用されるかもしれない。[58]

そこで起草委員会は、次の文言を提案した。

スイスに敬意を表して連邦旗の配色を転倒して作成された白地に赤十字の紋章型の標章は、軍の衛生活動の特殊標章及び徽章として維持するものとする。[59]

この規定は、一九〇六年六月二八日の第四回総会で審議も反対もなく採択された。[60] これが一九〇六年七月六日のジュネーヴ条約第一八条となった。[61]

ペルシャ代表は、会議の最終決議に署名し、第一八条については留保を申し立てた。[62] しかし、ペルシャは条約を批准しなかった。[63] トルコは、一九〇七年八月二四日に条約に加入し、標章についてのみ留保を付した。[64] エジプトは一九二三年一二月一七日に条約に加入し、同様の留保を行った。[65] これが一九〇六年の条約改訂から生じた法的状況である。

標章の問題は、一九〇七年の第二回ハーグ平和会議で再び議論された。

一八九九年のハーグ会議は、一八六四年八月二二日のジュネーヴ条約の原則を海戦に適用するための条約を起草した。ジュネーヴ条約が一九〇六年に改訂されたので、陸戦に適用される規則と海戦に適用される規則の整合性を図るためハーグ条約の改訂が必要とみられたのである。
この問題は第三委員会に付託され、中国代表は、一九〇七年六月二四日の第一回会議で標章の統一を支持する声明を読み上げた。トルコ代表は、自国政府の立場を述べた。[66]議論は第三委員会の海戦法規を検討する第二小委員会で再開された。
トルコ代表は、一九〇七年七月二日の第一回会議で政府の立場について長文の声明を読み上げた。同代表は、トルコが赤十字標章の尊重を約束していることを小委員会に想起させ、トルコが医療用車両保護のために他の標章を採用するに至った歴史的経緯を述べた。同代表は、条約草案に適切な文書を挿入し、赤新月の不可侵を承認するよう会議に求めた。[67]
ドイツ代表は、赤十字と同じ資格をもつ赤新月標章を尊重することにドイツ政府は何の支障もないと発言した。他方でドイツ代表は、トルコ代表がそうした文書の挿入を求めると先の条約の改訂が必要になるので、そのような要求はすべきではないと説得した。[68]
トルコ代表は、単に相互主義を要求しているのであり自国政府を満足させる解決策を会議に期待すると述べた。[69]
モンタズ・オズ・サルタンは、ペルシャの赤のライオン及び太陽の使用について同様の説明を行った。同氏は、ペルシャは第一八条に留保を付して一九〇六年の条約に署名したと発言した。ペルシャの反対は、宗教的な理由によるものではなかった。[70]

スイス代表のカーリンは、条約第一八条を朗読した。同氏は、一九〇六年の条約が赤十字標章に宗教的な意味がないことを全会一致で承認したことを小委員会に想起させた。さらに会議の議題は、一八六四年と一九〇六年の条約の原則を海戦に適用することにあり、ペルシャを除く全会一致で承認されたこれらの原則の一つは、赤十字を唯一の標章として採択することであることを指摘した。[71]

そこでペルシャ代表は、標章に関する第一八条は留保するが、一九〇六年の条約への署名は許されていると発言し、この問題に戻る必要はないと付け加えた。[72]

第二小委員会が起草した条約草案は第三委員会に付託され、同委員会は、その第二回会議で病院船の表示に関する第五条を扱った時に標章問題を議論した。[73]

トルコ、ペルシャ、スイス代表は、小委員会での発言を繰り返した。[74] 議長のトルニエッリ伯爵は協議を総括して、もし委員会がジュネーブ会議で決議された事項を議論するならば、委員会に付託された使命を逸脱することになると指摘し、委員会はペルシャとトルコの発言を単に記録に留めるのみであると述べた。また伯爵は、二カ国代表が要求した病院船識別旗の相互承認の原則は、ドイツ、イタリア、ロシア代表が承認し、反対がなかったと述べた。[75] 条約草案はこうして総会に付され、総会は一九〇七年七月二〇日の第三回会議でこれを協議した。[76]

トルコ代表は先の発言を確認し、トルコは条約草案に特別な文言を挿入することを要求したのではないと述べながらも、この会議に集った各国政府代表は病院船と同要員の識別標章として赤十字と赤新月標章を相互に承認するという原則を受諾してきたと付け加えた。[77]

ペルシャとスイス代表も先の発言を再確認した。[78] イギリス代表は、病院船が表示する保護標章の相互尊重に関するドイツ、イタリア、ロシア代表の発言を支持した。米国代表とオーストリア・ハンガリー代表も同様だった。[79]

第五条は、これら様々な留保付で採択された。[80] この会議で条約草案は、先に公式に表明された留保を付して全会一致で採択された。[81]

一九〇七年一〇月一八日の署名式でペルシャ代表は、会議が承認した赤十字の代わりに赤のライオン及び太陽を使用する権利を留保し、ジュネーヴ条約の原則を海戦に適用する条約[82]に署名した。[83] トルコ代表も赤新月の使用について同様に留保を付した。[84] 実際は、ペルシャもトルコも条約を批准しなかった。[85]

＊　＊　＊

一八九九年、一九〇六年そして一九〇七年の会議の経過から導かれる結論は何か。

一八九九年のハーグ会議は、スイス代表の主張により標章についての議論を拒否した。他方、この問題は一九〇六年の条約改訂会議で話題となった。一見、会議が採択した二つの決議は、道理に適っているようだが、実際には矛盾していた。

第一に、この会議で原則が決められた。会議は、赤十字を唯一の保護標章とすることを選択した。それにより標章の統一が維持された。[86] 加えて、赤十字標章には宗教的な性格がないことをはっきりと宣言した。これを明確にするために、会議は標章の歴史的起源に言及する新たな文言を採択した。

しかし、別の問題が生じた。もし、ある国が他の標章の使用に固執した場合には、どうなるのだろうか。

その場合には、二つの方法のみである。まず会議が、

(1) 論理的帰結として標章の統一を維持する決定に従う方法——この場合、会議は条約から留保国を排除する以外に選択の道はない。これはギリシャ代表の見解である。[87] あるいは会議が、

(2) 留保国をも条約に参加することを承認し、それにより標章の統一に関する一般規則の

例外を認める方法である。この場合、唯一の標章という原則は大いに毀損される。

幾つかの国が提起した問題を考慮すると、唯一の標章という原則と普遍的な条約という会議の目的には矛盾があった。会議は条約の普遍性を優先し、留保が承認された。

こうして二つの異なる規則が共存することになった。標章の統一という一般的規則と留保により確立された補完的規則であり、これによりある国々は例外的な標章を採用することができた。

一般的規則は大半の条約締約国を拘束する一方、補完的規則は留保国および留保国とそれ以外の国との関係に適用された。留保により成立するあらゆる規則と同じように、この補完的規則は一般的基準から逸脱した例外的なものである。

これが一九〇六年の会議後の法的状況である。一九〇七年の会議の目的は、ジュネーヴ条約の原則を海戦に適用することだった。したがって会議は、標章に関する法を変更する権限がなかったし、われわれが見る限りそのようなことはしなかった。会議は普遍的な唯一の標章という規則を踏襲し、それはハーグ第十条約第五条で確認された。同規定は、病院船の識別標章として赤十字だけに言及している。[88] しかし、会議はトルコとペルシャが主張した留保を認め、幾つかの国が相互主義の原則から赤新月標章の尊重を約束したことで留保が確認された。

この第十条約では、再び唯一の標章という一般的規則と原則を逸脱した留保国の規則が共存している。

4　一九二九年の会議

第一次世界大戦終結後、ＩＣＲＣは大戦の教訓からジュネーヴ条約の改訂を提案した。ＩＣＲＣは、一九二一年、一九二三年にジュネーブで開催された第一〇回及び第一一回赤十字国際会議で議論された問題を抱えていた。

条約草案が逐条毎に議論された。標章問題は一九二一年には議論されなかったようだが、一九二三年にトルコ赤新月社代表は、次のように発言した。


赤新月は、ジュネーヴ条約改訂に関するあらゆる議論を注視している。実際、赤十字の名称を口にしたり記す場合には、常に赤新月も付け加えるべきだとわれわれは考える。医療用車両や軍の傷病者その他の戦争犠牲者を収容、看護する場所に赤十字とともに表示されてきた赤新月は、トルコとイスラム諸国では、赤十字と同じ理念を示す標章である。したがって、われわれは条約に赤新月を文書化するべきだと考える。[89]

ところが、トルコ赤新月社は修正案を提出しなかったので、一九二一年と一九二三年の国際会議で承認された条約草案は、一九〇六年の条約の第一八条を一字一句踏襲した。一九二九年、スイス連邦内閣は、一九〇六年七月六日のジュネーヴ条約を改訂するために外交会議を招集し、捕虜の待遇に関する条約を起草した。[90]

会議は二つの委員会から構成された。一九〇六年の条約改訂を担当した第一委員会は、協議の原案として一九二三年の草案を採択した。標章については、一九二九年七月一三日の第一〇回会議で議論された。[91]

ペルシャ代表が口火を切り議論が始まった。同代表は、一九二三年の草案が赤のライオン及び太陽に全く言及していないことに驚きを表明した。同代表は、条約に赤のライオン及び太陽を盛り込むよう修正を求めた。トルコ代表も同様に赤新月を盛り込むよう提案した。[92]

エジプト代表のリアド教授は、この問題の歴史について詳細に言及した。同教授は、赤新月と赤のライオン及び太陽は宗教的理由から採用されたのではなく、これらの標章を採用した国々にとり、それが赤十字と同じ理念を象徴するからであると主張した。さらに、これらの標章は留保制度により既に承認されていると次のように発言した。

トルコ、ペルシャ、エジプト代表は、以前、それぞれ独自の標章を使用することを宣言し、一九〇七年以来、スイス連邦内閣はこの留保を承認してきたが、これに異議を唱える国はなかった。今日、これは既成事実である。[93]

フランス、イタリア、日本及びオランダ代表は、この二つの新たな標章の採択に賛成した。また、第一次大戦中のトルコ赤新月社の事業に言及したオーストラリアとニュージーランド代表もこれに賛成した。[94]

イギリス代表ワーナーは、長文の演説を行い、この問題を明確にした。

皆さんは、赤十字標章が衛生活動の特殊標章として採択された時の状況をよくご存知のはずである。それは赤十字の人道事業の発祥地であるスイスへ敬意を表して選ばれたのであり、いかなる意味でも宗教的な標章ではなかった。私の考えでは、この標章が世界のあらゆる国で普遍的に採用されることが極めて望ましい。しかし、この会議で表明されたあらゆる意見から、イスラム教国では標章に宗教的な意味があると考えていることが明らかになった。こうした状況では、この問題は各国が個別に決めるべき問題である。

イギリス代表は、この問題に関するあらゆる意見を尊重するが、もし複数の異なる標章が認められると混乱の危険があることを指摘したい。赤十字に宗教的な意味が付随しているとしたら、赤十字をこれまで採用した国から、「これは、われわれの宗教的な紋章ではないから、自分たちの紋章に変えるつもりだ」という主張が起きたはずである。したがって、もしそうなったら、現実的な視点から深刻な不便が生じると思われる。こうした理由から、私は特にエジプト代表の提案を率直に支持する。もし、私の理解が正しければ、この提案は可能な限り、これまで赤新月と赤のライオン及び太陽を使用してきた国々だけに標章の変更を制限しようとするものである。私が敬意をこめてエジプト代表の提案に賛同するのはこのためであり、混乱を避けるためである。[95]

リアド教授は、自分の考えでは承認される標章の数はできる限り少なくすべきであり、この趣旨から、「とはいえ、十字の代わりに既に新月を使用している国の場合は……」の文言の挿入を提案すると発言した。[96]

ルーマニアとチリ代表だけが標章の統一を維持することを主張した。[97] このような状況でICRCに何ができただろうか。ICRCは各国のほぼ全会一致の決定に従わざるを得なかった。[98] ICRC代表ポール・デ・グットは潔くそれを受け入れたが、次のような感想を述べた。

皆さんは、一九〇六年の会議の老兵が標章の統一を支持して勇敢に熱弁を奮った方々に謝意を述べることをお許しくださるでしょう。中立を示す唯一普遍的な標章の採択により明確になった理念の統一は素晴らしい原則であり、一九〇六年の画期的なアイデアでした。それは白地に赤十字には、宗教的な意味がないことを同時に明らかにしました。私は、標章には宗教的な意味がないと会議の演壇から熱弁をふるう方がいるのをよく知っています。しかし、一国の国民が、それに宗教的な意味を感じているならば、その思いを否定することはできません。もはや状況は昔とは違うことを私は理解しています。既に一九〇七年、ハーグ条約は留保を認め、ICRCは赤新月を社の標章にした社を快く承認しました。それはこれらの社が紛れもなく人道的な博愛事業に従事していたからです。皆さんの決定に敬意を払う一方で、私は先の発言者同様、標章の統一の侵害はできる限り制限すべきであり、原則の逸脱は正に例外でなければならないことを強調すべきであると感じています。たとえ避けられない侵害が既に認められていて、敬意をこめて支持されているとしても、です。標章が中立の印であって、傷病者尊重の印であるためには、標章の統一を維持することが重要なのです。われわれのすべてが求める最大限の安全や傷病者の保護と救済が可能となる妥協策を見い出しましょう。しかし、赤十字標章の統一をできるだけ堅持するよう努力しましょう。[99]

この問題はこうして決着した。残りの議論は表現に関するものだった。一九二九年七月二七日のジュネーヴ条約第一九条は、このようにして成立した。

スイスに敬意を表して、連邦旗の配色を転倒して作成される白地に赤十字の紋章は、軍の衛生活動の特殊標章として維持するものとする。

もっとも、赤十字の代わりに識別標章として白地に赤新月並びに赤のライオン及び太陽をすでに使用している国にあっては、この条約によりこれらの標章も認められるものとする。[100]

第一委員会の報告者は、この条文に言及して委員会の経過を要約した。

この条文第一節は、一九〇六年の条約を手本とした。第二節は新しいものである。これを採択することで委員会は数カ国の代表が表明した希望を満たし、実際、すでに数カ国に存在している状況を承認した。以後、白地に赤十字、赤新月、赤のライオン及び太陽の標章は、人道的活動の象徴であり中立と同じ意味をもつ。

さらにこの問題は、一九〇七年ハーグ会議で検討され、同会議は中立の印の統一について数カ国が付した留保を承認した。しかし、委員会は、条約の標章の統一をできる限り維持することを願い、会議が承認した逸脱を例外とし、それにより条約の標章の道義的価値と原則を損なうような混乱を避けようとした。このため会議は、傷病者を最大限保護する表現を採用することで、一八六四年の条約の立案者の理想を実現する標章の統一を最大限維持したのである。[101]

こうして標章の統一性が侵害される中で対策が講じられた。この会議は、一九〇六年以降、留保により使用が黙認されてきた例外的な標章について正式に言及した。一九二九年の会議は、半世紀も続いてきた現実を承認し、一九〇六年と一九〇七年の条約にトルコ、ペルシャ、エジプトが留保を付したことにより生じた法的状況を確認した。

同時に会議は、標章の普遍性に対する例外の数をできるだけ制限することを全会一致で支持した。こうして「もっとも、すでに使用している国にあっては、……」という第二節の最初の表現が生まれた。トルコ、ペルシャ、エジプトは、トルコの最初の主張から半世紀を経てようやく満足することとなった。

＊＊＊

一九二九年の出来事から導かれる結論は何か。会議は、まったく論理的とは思えない決定を行った。それはトルコ、ペルシャ、エジプトが提案した標章に門戸を開くと同時にその門を閉ざした。

この決定は、トルコ、ペルシャ、エジプトが取った態度の結果、五〇年も続いてきた厄介な問題を解決することを意図していたが、それはこうした状況を二度と繰り返さないという前提の上でのみ正当化できるものである。しかし、この前提はほどなく誤りだったことが明らかになる。[102] 会議は、この特殊な問題の将来を見通すことができなかった。会議は三カ国だけを満足させ、同じような要求は受け入れないことを確認した。会議の決定は、実際には解決策ではなく、解決を先送りにする妥協、しかも不幸な妥協でしかなかった。会議は、標章の真の解決を一層厄介な問題にした。

さらに、標章の統一を維持するための一般的規則と一般的規則への二つの例外を同じ条文の中に並存させたことで、この矛盾を最悪なものにした。

＊　＊　＊

この新たな状況に対するＩＣＲＣの態度はどのようなものだったのか。ＩＣＲＣは、ジュネーヴ条約締約国がほぼ全会一致で承認したこの決定を無意味なものとは言えなかったのは確かである。第一委員会で見られたように、ＩＣＲＣはこの決定を受け入れるしかなかった。

しかし、ＩＣＲＣは標章の統一が原則であることを主張し続けると宣言した。これについては、ポール・デ・グットの一九二九年のジュネーヴ条約解説を引用しよう。一八六三年、一八六四年及び一九〇六年の会議に言及して、彼は次のように記している。

標章の統一が絶対に必要であることは間違いない。赤十字は、戦争により生じた苦痛を軽減するために設立された国際的な大家族である。唯一の標章はあらゆる人々が赤十字を識別するためにある。一八六三年と一九〇六年の法制定者は、赤十字標章の重要性を強く認識し、両会議はこの標章を承認した。[103]

デ・グットは、次頁でトルコによる赤新月の採用を「遺憾な逸脱」と評し、[104]保護標章として国家の紋章を採用することの危険性を強調した。

赤と白の色だけを指定し、その標章を選ぶのは各国の判断に任せることは決して望まれることではない。そんなことをすれば、傷病者の救済事業では国籍を強調すべきではないのに、逆に標章が国籍を強調することになるだろう。[105]

ロシア・トルコ戦争以来、ＩＣＲＣの立場はほとんど変わっていない。

＊
＊
＊

この新たな状況から生まれた危険性はほどなく現実となった。一九三五年、アフガニスタンは、第四の標章―赤の門―を主張して更なる例外の承認を求めた。一九二九年の決定は、標章の統一を崩壊させる前例と受け取られたようだ。

さらに、アビシニアとスペインの戦争が終結すると、再びジュネーヴ条約の改訂が必要と思われた。一九三七年、ＩＣＲＣは専門家会議を招集し、[106] その場で一九二九年の条約第一九条の第二節を削除し、唯一の標章へ復帰することを提案した。[107] しかし、トルコ、ペルシャ、エジプトの各社は、ＩＣＲＣの招聘に応じなかった。当事者であるこれらの社が欠席したため、会議はこれらの国が使用する標章の放棄を訴えることができなかった。しかし、会議は第一九条第二節について次の立場をとった。

ＩＣＲＣは、この節を削除すべきでないか質してきた。委員会は、標章の統一が損なわれてきたことに全会一致で遺憾の意を表明し、標章の統一に復帰することが最も望ましいと考えてきた。赤十字は国際的な標章であり、それには国家的、宗教的な意味はない。それを別の印に代えることは筋が通らない。それは結果として国旗と混同される危険があり、国旗が白地に赤の印からなる国の場合は特にそうである。この危険性は他の国がそうした前例に訴え、同じ権利を要求する場合には特に顕著になる。

しかし、委員会は、条約のこの点の表現を修正しなかった。この問題は、まず関係当事者、つまり赤新月又は赤のライオン及び太陽を使用する国と委員会に代表を派遣していない国が議論すべきだというのが委員会の見解だった。

いずれにせよ、委員会は現在第一九条に規定されたもの以外の統一標章の例外を認めないためにも、条約の表現は修正すべきでないと主張した。[108]

この草案は、一九三八年にロンドンで開催された第一六回赤十字国際会議に提出された。会議はＩＣＲＣに対し、新たな外交会議を招集するよう要請した。[109]スイス連邦内閣は、一九四〇年の初頭に会議を招集したが、第二次世界大戦の勃発により会議は開催されず、一九二九年のジュネーヴ条約は修正されなかった。[110]

5　一九四九年の会議

ＩＣＲＣは、第二次世界大戦の終了を待たずしてジュネーヴ条約とハーグ条約の改訂作業に着手し、戦時における文民保護のための新たな条約の起草に着手した。

一九四五年二月一五日の覚書[111]には、このための協議を開始する意図が見られ、各国政府と各国赤十字社に対し必要な文献編纂に協力するよう要請している。

一九四六年七月、ＩＣＲＣは、各国赤十字社の予備会議を招集し[112]、一九三七年の専門家会議の立場を再確認し、唯一の標章と名称に復帰する努力をすべきとの信念を表明した。

会議は、この提案を支持したが、エジプト及びその他の代表は、赤十字標章はイスラム教国では国民の宗教的感情を逆撫でするので当面採用できないと主張し反対した。[113] これらの反対意見を考慮し、予備会議は次の赤十字国際会議では標章統一への問題には言及しないことにした。[114]

一九四七年四月、ＩＣＲＣは戦争犠牲者の保護条約を研究するため政府専門家会議を招集した。[115] この会議は、当時の法的状況を変える権限はないと考えられていた。[116]

予備会議の議論に基づき、ＩＣＲＣは四つの改訂あるいは新条約の草案を作成した。これらは一九四八年八月、ストックホルムで開催された第一七回赤十字国際会議に提起された。[117]標章に関しては、戦地にある軍隊の傷病者保護に関する条約草案第三一条の主要議題となった。草案は一九二九年のジュネーヴ条約第一九条を変更することなく踏襲したが、ICRCは、イランは赤のライオン及び太陽の使用を放棄することが望ましく、赤新月を唯一の例外とする意見を付した。[118]

ストックホルム会議は第三一条を維持し、第二節に次の意見を付した。

　会議は本節を当分削除しない決定をしたが、関係政府と関係各社ができるだけ赤十字標章の統一に復帰するよう努力すべきであるとの希望を表明する。[119]

さらに、ICRCが提出し、スイス連邦内閣がジュネーブ外交会議への参加招聘国政府に送付した「戦争犠牲者保護のための改訂及び新条約草案並びに意見と提案」[120]と題する文書の中で、ICRCは、標章の統一への復帰を強く支持すること、また例外的な標章をかなり制限する解決策を支持することを明言した。

この目的に沿った四つの提案が会議に出された。[121]この「ストックホルム草案」が、スイス連邦内閣が召集した外交会議の議題の基礎となり、これにより戦争犠牲者保護のための国際条約草案が作成された。同会議は一九四九年四月二一日から八月一二日までジュネーブで開催された。[122]

標章問題は、一九二九年の傷病者保護のジュネーヴ条約と一九〇七年のハーグ第十条約の改訂に関する第一委員会で議論された。草案第三一条は、その第一七回、第一八回会議で協議され、[123] ＩＣＲＣに対して三つの提案を行った。

(1)　新たに唯一の標章を採択するというオランダ案
(2)　赤十字標章のみに復帰するストックホルム会議の勧告
(3)　第四の標章としてダビデの盾を承認するイスラエルの修正案

まず、オランダ提案が協議された。オランダ代表は複数の標章が存在することの不都合を強調し、唯一の解決策は純粋に中立の印となりえる新しい標章を採択することであると主張した。赤十字事業の根底には博愛精神があるので、新しい標章は逆正三角形の中に赤のハートの印を入れ込んだものとするという提案である。[124]

これに対し、ＩＣＲＣ専門員のジャン・ピクテとスイス代表が反論した。両者は、すでに現行の赤十字標章が八〇年以上も世界中の人々に公平な援助の普遍的象徴として認知されている現状では、この提案は遅すぎる上に、赤十字標章を放棄することは傷病者に不利益をもたらすと主張した。[125] 実際、オランダ提案を支持する国はなくオランダの同調者が形ばかりの支持をしただけだった。

次に、赤十字標章に統一する案がジャン・ピクテにより提起された。標章とその分裂の歴史を振り返った後、ピクテは唯一の標章に復帰する視点から次の幾つかの解決策を提案した。

(1) 会議は将来、一時的なものを除き例外的な標章を承認するのを止め、一定の猶予期間を設けてこれらの標章を放棄する。人々がキリスト教の象徴と見なさず、赤十字が全く宗教的意味を持たないことを理解するよう人々を啓発する。

(2) 赤十字標章をあらゆる国で使用することとし、国によっては赤十字旗の一角に小さく表示標章を付け加えることを認める。

(3) あらゆる国が受け入れ可能な全く新しい唯一の標章を考案する。その使用を赤十字標章以外のものとして承認する。

(4) イランは赤のライオン及び太陽を放棄することに合意し、赤十字と赤新月だけを公認標章とする。[126]

これらの提案には、トルコ、エジプト、アフガニスタン代表が猛烈に反対した。特にアフガニスタン代表は、赤十字標章に宗教的な意味はないという主張に対抗し、長い演説を行った。同代表は中世の文献を三つも引用し、シュヴィーツ州の十字の紋章のキリスト教的起源を立証しようとした。アフガニスタン代表は、赤十字標章はキリスト教の博愛の教理と密接に関連していると主張し、同じことがイスラム教とイスラム教徒の愛と慈悲の象徴である赤新月にも言えると主張した。[127]

第三のイスラエルの提案は、イスラエル代表のナジャルにより展開された。イスラエルは、一九四八年八月三日、一九二九年のジュネーヴ条約に留保を付さずに加入したが、当時、パレスチナとの戦闘が激化する中[128]、イスラエル軍の衛生部隊と救護組織はダビデの赤盾標章を使用していた。そこでイスラエル代表は、ダビデの標章を承認するための条約改訂を提案した。[129]

ナジャルは、まず標章の統一に向けて正式な改訂案が提出されてこなかったことを指摘し、協議の原点は、三つの標章を承認した一九二九年のジュネーヴ条約であると述べた。ダビデの赤盾標章は、パレスチナの地で過去二〇年にわたり使用されており、軍の衛生活動を他の標章に置き換えることは考えられないと述べた。赤のダビデの紋章は、三五〇〇年前に起源をもつ神聖な印であり、ヒトラー主義によりユダヤ人にこの印が付けられて以来、命と愛の象徴であり、これほど古くから広く認知された紋章はないと主張した。[130]

この主張をハンガリー代表が支持したが、ベルギー代表は保護標章がこれ以上増えることの危険性を強調して反対した。万一、ダビデの赤盾標章が承認されれば、次の会議では自分たちの標章を承認させるために、どこかの国が新たな標章を使い始める絶好の口実を与えることになるだろう、と。[131]

イスラエル代表は改訂草案を提出したが、採決の結果、議案は二一対一〇、棄権八で否決された。一九の代表は採決に出席しなかった。こうして草案第三一条は採択された。[132]

標章の議論は、第一委員会第三二回会議で再開された。[133] インドの提案は、標章に関する様々な意見を融和させる可能性のある決議案を提出した。インド代表は、宗教的な意味を持たない新たな標章を誰もが受け入れ可能な普遍的な保護標章として使用するというものだった。これにより現在使用されている標章は、単なる表示的な印とする。インドの草案は次の通りである。

第一委員会は、本会議が軍の衛生活動の保護の印となる標章を考案するため適当な機関を設置する。新たな標章は、以下の四つの条件を満たすものとする。

(1) 世界のどこでも宗教的な意味を持たず、いなかる宗教的、文化的あるいはその他の機関を連想させない標章であること
(2) 標章は白地に赤色により構成されること
(3) 視認性が最大限に確保されるものであること
(4) 最小限の材料と労力で製作可能な、わかりやすい幾何学模様であること

新たな標章はその採択日から効力を有するものとし、この標章だけが現行条約の規定における保護資格を有するものとし、現在効力を有する保護標章は、表示的標章としてのみ使用する。[134]

スイス、米国、メキシコ、バチカン、イタリア、ベネズエラ、カナダ、オーストラリアの代表は、現行の赤十字標章を放棄すればジュネーヴ条約に深刻な問題が生じるとして、この提案に反対した。[135] ピクテが先に指摘したように、バチカン大使は赤十字標章にはいかなる宗教的な意味もないと断言した。[136]

ビルマ代表は、東洋諸国は次第に国際社会への参加を強めており、自国の宗教的心情も他国のそれも害することのない標章を求めると発言し、提案を支持した。もし、これ以上の標章が認められれば、東洋諸国も自国の標章が認められるよう期待するようになる。インドの提案は、この問題を解決するための真摯な要求の表現だった。イラン代表からも同様の意見が表明された。[137]

結局、決議案は、一六対六、棄権一三で否決された。[138] 第一委員会の総会報告は、「識別表示」と題して議論を要約し、次の見解を記した。

ジュネーヴ条約により与えられる保護を確実にするためには、要員、輸送機材、物資は敵が容易に認識できる識別標章を付さなければならない。したがってあらゆる国で共通の識別標章であることが極めて望ましく、第一委員会は、この決議ができるだけ速やかに採択されるよう希望を表明する。しかし残念ながら、過去八〇年にわたりこの目的のために使用されてきた赤十字標章は、もはやあらゆる国にとり完全な中立を保障するものとはなりえないようである。ある国は、赤十字標章はキリスト教の象徴であると見なし、この標章を採用することを国民に説得できない。実際、一九二九年の外交会議は、赤新月や赤のライオン及び太陽のような例外的な標章を使用することを承認した。

幾つかの国々が赤十字標章を使用することに消極的である状況に鑑み、第一委員会は、確立された慣習を確認する一方で、最終的には統一規則を確立するための決議が採択されるよう希望を表明する。

まさにこの理由により、また唯一の標章を採択するための新たな障害が生ずるのを防ぐため、委員会はイスラエルが提案したダビデの赤盾のような新たな標章を承認することを拒否するが、数千年の歴史を持つこの紋章が二〇年間も保護の目的で使用され、その地域では良く認知され、尊重されてきたことを認めるものである。しかし、委員会は新たな前例を作ることで一層、標章の統一に困難を来たす危険があることから、この「事実上の状況」を承認することはできないとの見解に至った。[139]

結局、この問題は総会に付された。主要な議論は第九回総会で行われ[140]、総会は三つの提案を行った。

(1)　イスラエル提出の改訂草案

(2)　インド代表が提出した決議草案の再検討を求めるビルマ代表の提案。[141]インド提案が否決された場合、ビルマ代表は、草案第三一条を改訂し、正式に通告したものなら白地に赤のいかなる標章も承認することを提案した。

(3)　インド草案の別案で、委員会が審議した草案と基本的に同じだが手続きを言い換えたもの。[142]

しかし、総会がこれら三つの提案を協議する前に、ＩＣＲＣ総裁ルゲールは、ＩＣＲＣは標章統一の原則に固執することを主張し、次のように発言した。

> 赤十字国際委員会は、総会に出席する各国政府に対し、早晩、保護標章を増やす危険がある案を採択することのないよう警告したい。そうなれば、標章に付随する価値が損なわれるだろう。保護標章が世界中で知られ、戦争犠牲者に与えられるあらゆる保護が無意識のうちに広く認知されなければ、保護標章は十分な効果を生むことはできない。この普遍的な原則に対するいかなる侵害も標章の価値を損ない、被保護者が負う危険を増すものである。

われわれの見解は、あらゆる国の標章が十分に尊重されることが根底にある。しかし、われわれがあらゆる代価を払っても防がなければならないことは、国家の標章と戦時における友愛と相互扶助のための中立の印が混同されることである。赤十字標章のもとでは、人間は捕虜であれ、傷病者であれ、護送負傷兵であれ、その出自に関係なく人間として扱われる。もし、この会議が新たな標章を採択するとしたら、将来、その他の例外への道を開くことになるだろう。戦争犠牲者への支援の印が弱体化すれば、人間の生命の保護が危険に晒されることになり、悲劇は決定的となる。

この原則に立ちＩＣＲＣは、保護の標章の数が増えることに反対するのみならず、もし過去への復帰を構想する場合には、唯一の印としての赤十字の長所を強調したい[143]。

ルゲール総裁は、パキスタンのモハメド・アリ・ジンナー首相とマハトマ・ガンジーの以前の言葉を引用して赤十字思想と赤十字標章の普遍性を説明し、標章はキリスト教とは無縁な国際社会の指導者により採用され、擁護されてきたと主張した。さらに、運動全体を意味する「赤十字」の名称に誰も反対してこなかったこと、また例外的な標章が増えれば、やがてこの名称が理解されなくなることを指摘した。結びとして、ルゲール総裁は次のように述べた。

今日では、誰もが自分の意見や信仰とは無関係に、赤十字に戦争犠牲者の中立的保護と国を超えた兄弟愛と相互扶助の象徴を認めることができる。赤十字の周囲にはある種の神秘主義が漂い、赤十字理念を実行する中で無数の命が犠牲になってきた。

赤十字は、途方もなく大きな精神的な力と隠れた多数の人々により創設された。願わくば、この不確かな世界が、世界を共通の理想のもとに団結させる極めて稀な、恐らく唯一の印と名称を消滅させたり弱体化させることがないように。[144]

イスラエル代表のナジャルは、イスラエルの救護社は二〇年以上にわたり、ダビデの赤盾標章を表示し、独立戦争時にも標章が尊重されてきたことを会衆に想起させた。さらに標章の統一に復帰するための正式な提案がなされてこなかった以上、協議の土台は、現在でも三つの保護標章を承認した一九二九年のジュネーヴ条約であると付け加えた。

同氏はＩＣＲＣ総裁の発言に言及し、ある印が他の印とほとんど同じであると言うことは奇妙な価値の混同であると主張した。

印は単なる幾何学模様ではない。それは人間の心の奥底に根ざした生きものである。そして何世紀にもわたり、その印は人間の感情と分かちがたい意味を持っている。[145]

同氏は、ダビデの盾の紋章の長い歴史を解き明かし、イスラエル民族がそれに執着する理由を説明した。さらに、「何百万というユダヤ人がヒトラー体制下でユダヤ人の識別マークを付けられて殺された」ことに言及し、ほんの数年前までこの標章が意味していたことを会衆に想起させた。[146]

同氏は、イスラエルの標章は世界中で知られていると主張した。イスラエル代表は、会議に提出したあらゆる文書の中で標章について言及することを意図的に控えてきたが説明を求める代表はいなかった。

同氏は、標章が増えることが本当に危険だとは思っていなかった。すでに戦争の試練に十分耐えてきた古くから広く認められた標章を探すことは容易ではない。このためイスラエル代表は、ビルマが提出した修正案には反対票を投じるだろう。新たないかなる標章にも包括的な承認を与えるようなものに誰も同意できないからである。
同氏は、中東の状況に留意しなければならないと述べ、隣国が赤新月を表示するのを認められながら、イスラエル政府が国民にダビデの赤盾標章を放棄するよう求めるのは不可能だと主張した。イスラエル政府は、ダビデの赤盾標章を他の標章に変えるように国民を説得できなかった。ナジャルは、人道主義の普遍性の基盤である平等と分別ある公平性を訴えて発言を締めくくった。[147]
ビルマ代表のアウン将軍は、ＩＣＲＣ総裁とイスラエル代表の発言に言及し、標章が異なることの不都合を力説し、ビルマが提案した修正案の後半部分を撤回すると申し出た。しかし、将軍は既存の標章には反対を唱えた。

　国際的には、国の標章に対して多くの議論があるが宗教的な標章にも大いに議論がある。[148]

そこで将軍は、国家的、人種的、宗教的、地域的な意味を持たない誰もが認める標章を採択することを求めた。将軍の意見は、会議の経緯から赤十字標章に宗教的性格があると指摘された以上、誰にも受け入れられる新たな標章を採択すべきであるというものだった。[149]

シリア代表は、ナジャルが口火を切った議論に反論して保護標章の増加がもたらす危険性を指摘した。[150]

フランス代表のラマールは、イスラエルの修正案を支持して発言した。彼は、標章を統一する価値は認めるが正当な国民的、宗教的誇りを犠牲にしてまで達成すべきではないと述べた。イスラエルの要求の動機は、赤新月や赤のライオン及び太陽標章の承認を正当と認めた動機と同じなので、この問題も同様に解決すべきであるというものである。[151]

スイス代表のボラは、保護の有効性の問題に議論を戻そうとした。

最良の標章とは、最大限、保護する価値がある標章である。われわれがここで議論すべきことは、赤十字標章を放棄し、唯一かつ普遍的な標章の性格を毀損して標章を弱体化することが、われわれが保護しようとする傷病者、捕虜、抑留者の利益に適うかどうかということである。

赤十字標章の歴史は八〇年の伝統があり、この下で歴史上、最も大規模かつ悲惨な戦争が行われた。赤十字標章は数億の人々、女性や子どもにも知られ、暴力に打ち克つ明瞭かつ雄弁な博愛の印であり、また暗澹たる歳月の暗闇の中で稀に見える微かな光明の一筋を想起させるものである。したがって、赤十字標章は崇高な価値に支えられているという点で非常に貴重な人類の遺産である。赤十字を宗教的、国家的その他の意味を持たない標章に変えることは簡単ではないだろう。仮にうまくいったとしても、そのような標章が人々の心の中で博愛の象徴として現在の赤十字の標章と名称に匹敵する意味を持つまでには数十年も待たねばならないだろう。[152]

歴史的経緯から二つの例外が生まれたが、現在の方向は赤十字を戦時の人道的援助の中立の象徴にすることにあるのは明らかであり、あらゆる宗教に共通の原則である人間の尊厳を赤十字の名において尊重することである。それは望ましい方向であり、例外の数を増やすことでそれを妨害する権利は誰にもない。それゆえスイス代表は現状維持を支持した。[153]トルコ代表は、新たな唯一の標章を採択することに反対しなかったが、そうした意思表示は行わず、現状が維持されることを望んだ。[154]

アルゼンチン代表は、赤十字を唯一の標章として維持することに賛成したが、幾つかの例外がすでに認められている以上、イスラエルの要求を拒否する理由はないと感じていた。[155]

メキシコ代表も、赤十字を唯一の標章とすることに賛成したが、すでに承認されている標章を取り消して元に戻すことが困難なことを認めた。結局、メキシコ代表はイスラエルの修正案も現状も支持せず、投票を欠席した[156]。

この議論はほどなく終了し、イスラエル代表は採決を求めた。しかし、オーストラリア代表の提案により投票は秘密投票となり、その結果、イスラエルの提案は二二対二一、棄権七で否決され、草案第三一条は四〇対一、棄権七で採択された。またインドの決議案は一六対九、棄権二〇で否決された[157]。

標章問題は、病院船の表示に関する第一二回総会で再び提起された[158]。イスラエル代表は、前回と同じ修正案を提出した。イスラエル案は受け入れられないとするエジプト代表の主張は、手続きに関する長い議論の末却下された[159]。議論の概要は、第九回総会のものと同じであり[160]、イスラエルの修正案は二四対一八、棄権三で否決された[161]。

標章問題は、戦時における文民保護条約と関連して第二四回、第二五回総会[162]で議論された。ビルマ代表は、文民病院と医療用車両を保護する唯一の標章として白地に赤い円の印を採択する案を修正案として提出した。この修正案は、三つの目的を果たすことを意図した。すなわち、軍の衛生車両を保護する標章が濫用されないよう制限すること、軍病院と文民病院の混同を避けること、そして統一標章に復帰するための基盤を整えることである。しかし、会議はこの提案を却下し、軍と文民の医療組織を保護するために同じ特殊標章を採用した。[163]

当初の意思表明とは異なり、イスラエル代表は会議の進行を遅らせないため、ダビデの赤盾の承認を求める主旨説明を再度行うことはなかった。その一方で、特殊標章の統一が実現していない以上、イスラエルはダビデの赤盾標章を使用し続けると宣言した。[164]

第三五回総会[165]において、ニカラグア代表は数日前に妥協点を探るために提出した決議案を撤回したが、その骨子は次のようなものだった。つまり、統一標章は通常、赤十字とするが、希望する場合には赤十字の中央に四角又は円形の白地部分を残し、その中に各国が好みの紋章を入れ込むことができるというものだった。[166]しかし、この提案は遅すぎたため協議されなかった。[167]

様々な会議が開かれたが、一九二九年の会議から生まれた法的状況は変わらなかった。

一九四九年のジュネーヴ第一条約第三八条は、一九二九年の条約第一九条を一字一句踏襲した。[168]

結果としてイスラエル代表は、会議がダビデの赤盾標章の承認を求めるイスラエルの要求を拒否し、宗教的な意味を持たない統一標章も採択しなかったとしてジュネーヴ第一、第二、第四条約の最終投票を棄権した。[169]

署名式においてイスラエル代表は、第一、第二、第四条約に次のような留保を付して署名した。

特殊標章と条約の標章の不可侵性を尊重しつつも、イスラエルは、軍の衛生活動の標章及び特殊標章としてダビデの赤盾標章を使用することを留保する。[170]

レバノン代表は、会議はイスラエルの要求を明確に却下したのだからイスラエルの留保は条約署名国にとり無意味であると発言した。[171]

第一、第二、第四条約へのイスラエルの留保は、一九五一年七月六日に批准書が寄託された時に確認された。[172]

われわれは、一九四九年の出来事からいかなる結論を導くことができるか。これらの議論は、結局、イスラエルの要求を議論し、拒否しただけであるとよく言われる。われわれの見解では展望が誤っていたのである。ダビデの赤盾標章の問題は、かつてない緊張感を持って議論されたのは事実だが、ダビデの標章問題だけが問題の全てであったわけではない。われわれは、より大局的な見識を持たなければならない。

一九四九年の会議は、一九二九年の会議から生じた困難な状況を継承した。この問題についてはすでにわれわれの見解を表明してきた[173]。つまり、一九二九年の決議は一貫性がなく、統一標章の原則を維持するために標章の数を制限することを求める一方で、原則への例外を認めた。この決議は、当時の政治的状況では弁解できたかもしれないが、状況が変化してその弱点が明らかになった。実際、赤新月と赤のライオン及び太陽を認めた時と同じような状況下で、いかなる決断をすべきだろうか。

* * *

一九四五年以来、状況は劇的に変化した。大戦の終結は、大戦そのものより重大な植民地帝国の分割という事態の始まりを意味した。標章に対する新興国の態度はどうなるのだろうか。国によっては、標章をすでに決めていたようであるが、まだ未決定の国もあった。例えば、インド、ビルマ、セイロンはどのような標章を選ぶのか。

こうした歴史的文脈の中で、一九四九年の議論は検討評価されなければならない。一体、会議には他にどのような選択肢があっただろうか。多くの案の中で三つの案だけが議論された。つまり、

(1)　唯一の統一標章に復帰すること

(2)　各国が独自の標章を採用する可能性

(3)　上記二つの選択肢の妥協案として唯一の標章への例外の数を制限するもの

これらの可能性を逐一、ここで簡単に分析することが適切だろう。

第一案は、別の選択肢を示唆する。つまり唯一の標章は当初の赤十字標章にするのか、それとも全く新しいものにするのか。

ＩＣＲＣは、唯一の標章として赤十字標章に復帰することを支持した。第二次大戦中に赤十字標章のもとで行われた活動は、世界中に空前の規模で拡大した。しかし、この提案は支持さ

れず、その理由も明らかである。イスラム諸国が、彼らに有利に認められた例外的な標章を放棄する意思がなく、その他の国々もこれらの例外を排除するために多数決に入るのは不適切と考えたからである。

さらに、オランダとインドはまったく新しい標章を提案した。この提案は西側諸国からは伝統の名のもとに、またイスラム諸国からは宗教的配慮のもとに拒否された。つまり、保護標章としての目的を達成できると思われる唯一の解決策である「一元的な解決」は、伝統と既得権により拒絶された。

第二案は、各国が好みの標章を選択するというものだが、これはビルマの修正案の後半部分で提案された。これは、あらゆる国が同じ土俵に立つという点では平等性の見地から利点があったかもしれない。しかし、これは大きな混乱を招くだろうし、われわれの考えでは、法的にではないにしても実質的に標章と保護条約制度の消滅をもたらすだろう。戦闘員は、標章の解説書がなければ戦場に入れなくなるだろう。この提案は全会一致で否決された。

こうして会議は、あらゆる国に同じ規則を定めていたはずの二つの解決策を拒否した。こうした状況では、会議は一つの標章という原則に例外を認めながら、一方で制限するという妥協を探るしかなかった。これは一九二九年の決議の繰り返しであり、まったく同じ問題を秘めていた。宗教、文化、国民性という多様な視点に立てば、それは必然的に非論理的で不公平だった。認められた例外的標章の数を二つか三つ、あるいは十に増やしたところで常にそれらから除外される国がある。

この論理性の欠如は、すでに一九二九年の議論で明らかだった。トルコ、ペルシャ、エジプト代表は、赤新月と赤のライオン及び太陽の承認を求めたが、第四の標章を認めることは将来にわたり反対するつもりで会議に参加した。[174]

同様の矛盾は、一九四九年の会議に参加した代表の立場からも明らかだった。ダビデの赤盾標章の承認を強く拒否した代表は、例外的な標章がすでに承認された国の代表だった。[175]

矛盾はナジャルの発言にも見られた。ダビデの赤盾標章の承認を求める一方で、同氏は標章の多様性には反対した。[176] つまり、第四の標章の承認を主張しながら、最初から第五の標章の承認には反対だった。[177]

イスラエルの提案は一票の差で否決され、会議はこれ以上の標章は認めずに一九二九年に承認された二つの例外だけを維持した。

ダビデの赤盾標章の承認に反対した投票数は、イスラエルと紛争状態にある国の数を遥かに超えていた。したがって、イスラエルの動議が拒否された決定的要素は、会議の後で新たな標章を採用する国が多発し、次回の会議でその承認を要求することに道を開きかねないという恐れであったと思われる。[178] それでも会議は、すでに承認された特権を撤回する意志も望みも持たなかった。代表の多くは、一九二九年の決定は間違いだったと考えていたが、また同じ議論を繰り返したくなかったので、その改訂には及び腰だった。[179]

会議の決議は、公平の原則に反するとしばしば非難された。イスラエルの要求理由は、現行の例外を認めた事情と同じなので公平性の視点から認められるべきだというものだ。[180]

しかし、イスラエルの要求を認める決議が公平であるかどうかも同様に問う必要があるだろう。そうした決議にイスラエルは満足しただろうが、それにより、さらに例外を求める申請が続発し、その後の会議はそれを拒否しなければならなかっただろう。

標章の数が増えるのを恐れる理由はないとする主張もある。これに反対する分かりやすい主張は、第一委員会のビルマ代表の発言に見られる。

東洋諸国は、国際社会に益々積極的に参加しており、自国や他国の宗教的心情を傷つけない標章を求めてきた。一方、仮に標章の多様性の原則が認められるとしたら、東洋諸国は自国の標章を採用せざるを得なくなる。[181]

会議は一旦、許される例外の数を制限して例外を認めるという妥協策を考えたが、それは不公平な解決策だった。

例外を認めるのではなく、一つの標章の幾つかの変形を認めるといった別のやり方で妥協を探ることができたかもしれない。これは各国が赤十字の中央に自国が選んだ標章を配置することを認めるニカラグア提案の趣旨だった。しかし、この提案がなされたのは会議の終盤だったので議論することができなかった。とはいえ、この発想は独創的であり、保護標章の普遍性と宗教、文化、国家の個性の尊重という相反する目的を調和させるものだったかもしれない。

われわれは、この案は国内的かつ国際的である赤十字運動の本質的構造と調和する利点があったと信ずる。つまり、自国民を援助するという各社の国内的性格と、各社は国境を超えて連帯し、団結するという国際的性格のいずれとも調和する。

6　近年の動向（一九四九年〜一九七六年）

一九四九年の外交会議は、二つの対立する主張に直面した。標章の統一に復帰する主張と更に例外を認める主張である。結局、現状が維持されたことで両意見の主張者がともに不満だったことが再び問題の火種となった。ここでは両意見の主な特徴についてのみ言及する。

統一標章に復帰する案には二つの要素がある。ＩＣＲＣは、一九四九年に標章統一の提案に失敗したが、ひとつの標章への復帰を主張し続けた。そのための交渉がイスラム諸国、特にイラン当局とイラン赤のライオン及び太陽社に対して行われ、イランのみが使用する標章の放棄が期待された。交渉はイラン王室に対しても行われたが失敗に終わった。[182]

さらに一九七五年六月、ベオグラードで開かれた平和に関する世界赤十字会議においてエチオピア赤十字代表は、現在のあらゆる標章の代わりに「赤いハート」(Red heart) という新たな統一標章を採択する提案を行った。[183]会議はこの提案を採択しなかったが、この提案は複数の宗教が共存する国の赤十字社の苦悩を露にした。

新たな標章の承認に向けて幾つかの提案がなされた。それらの多くは一時的な解決策に過ぎなかったが、これらについては次章で概観する。

イスラエルだけが、条約で未承認の標章を使用する立場を強固に主張した。ＩＣＲＣとイスラエル政府、ダビデの赤盾社は数年に及ぶ協議を重ね、この状況を調整する可能性を模索したが、これまで条約と矛盾しない満足できる解決策は見つかっていない。(＊訳者注：現在、この問題は最終的解決がなされている。詳細は、巻末の訳者補記を参照。）

ＩＣＲＣは、一九七一年及び一九七二年に国際人道法の再確認と発展のための政府専門家会議をジュネーブに招集した。その目的はジュネーヴ諸条約を改訂することではなく、それらを補完する議定書の草案作成であった。イスラエル代表は、両会期においてダビデの赤盾標章を承認する条文を草案に挿入することを提案した。[184]

政府専門家会議の作業に続き、一九七四年、スイス連邦内閣は、「武力紛争時に適用される国際人道法の再確認と発展のための政府外交会議」を招集した。この第二会期において、イスラエル代表は次の改訂案を提出した。

　ダビデの赤盾標章が特殊標章としてすでに使用されている国にあっては、その標章もまた条約条文と本議定書により承認される。[185]

この提案は、一九七七年四月から六月にジュネーブで開かれる第四会期で議論されることになった。

【注】

1 *Revue internationale de la Croix-Rouge*, Vol.II, No.3, March 1949, pp.123-140; p.127 の英文補記に掲載された「赤十字創設に関する五人委員会議事録」未刊行文書。

2 *Compte rendu de la Conférence internationale réunie á Genéve les 26, 27, 28 et 29 octobre 1863 pur étudier les moyens de pourvoir á l'insuffisance du service sanitaire dans laes armées en compagne*, 2nd ed., Geneva, ICRC, 1904, p.17.

3 同書、p.93.

4 同書、p.93.

5 同書、pp.93-94.

6 恐らく、交渉を示す白旗と混同するのを避けるためであったと思われる。赤十字標章の起源については、Jean S.Pictet: *The Sign of the Red Cross*, Geneva, ICRC, 1949; Perceval Frutiger; *L'origine du signe de la croix rouge in Revue internationale de la Croix-Rouge*, No.426, June 1954, pp.456-467; Maurice Dunant: *Les origins du drapeau et du brassard de la Croix-Rouge in La Croix-Rouge Suisse*, XXXth year, No.1, 1 Jan, 1922, pp.2-5; Pierre Boissier; *Histoire du Comité international de la Croix-Rouge, de Solferino á Tsoushima*, Paris, Plon, 1963, pp. 105 -106を参照。

7 *Compte rendu…1863*, p.94.

8 同書、p.95.

9 勧告及び決議については、*Compte rendu….1863*, pp.116-118; *International Red Cross Handbook*, pp.375-377; *The*

Laws of Armed Conflicts, pp.199-201.を参照。

10 *Compte rendu…1863*, p.117.

11 同書、p.118.

12 *Compre rendu de la Conférence internationale pour la Neutralisation du Service de Santé Militaire en campagne*, Geneva, 8-22 August 1864（手書）, Annex A, art.9;（reproduced in De Martens: Nouveau Recueil Genéral de Traitgés, Vol.XX, pp.375-399）.

13 *Compte rendu…1864*, p.25.

14 同書、Annex B, art7. 及び*International Red Cross Handbook*, p.8; *The Laws of Armed Conflicts*, pp.203-206. を参照。

15 *Protocole de la Conférence internationale réunie á Genéve en octobre 1868*, Geneva, Imprimerie Fick, 1868 を参照。

16 *Actes de la Conférence de Bruxelles*（1874）, Imprimerie du Moniteur Belge, 1874を参照。

17 実際にはトルコ代表は会議に遅れたため、一部の会議にしか参加しなかった。

18 *The Law of Armed Conflicts*, p.206.

19 *Bulletin international des Sociétés de Secours aux Militaires blesses*, No.29, Jan. 1877, pp.35-37を参照。

20 同書、p.36.

21 *Bulletin international…*, No.30, April 1877, pp.39-47を参照。

22 同書。

23 同書、p.39.

24　同書、p.40.

25　*Bulletin international*…, No.30, April 1877, pp.41-47, 及びNo.31, July 1877, pp.83-91.

26　*Bulletin international*…, No.30, p.42.

27　*Bulletin international*…, No.31, July 1877, pp.83-84.

28　*Bulletin international*…, No.30, April 1877, pp.43-44.

29　同書、p.44.

30　同書、p.45.

31　*Bulletin international*…, No.31, July 1877, p.89.

32　*Bulletin international*…, No.31, July 1877, pp.90-91に再掲のスイス連邦内閣からトルコ政府宛の一八七七年六月二日の通信を参照。

33　ＩＣＲＣが一八七七年に軍の傷者のためのトルコ救護社を正式に承認したというのは誇張と思われる。ＩＣＲＣはトルコ救護社の再編を承認し、同社との関係に同意したが、同時に条約で承認した標章以外の標章を採用すれば、トルコ救護社は異常な立場に置かれることを指摘した。われわれが知る限り、ＩＣＲＣが新設社の設立基盤を審査した上で新設社を既存社に通知する任務を与えられたのは、一八八七年のカールスルーエで開催された第四回赤十字国際会議以降である。一八八七年、カールスルーエで開催された*Compre rendu de la Quatriéme Conférence internationale de la Croux-Rouge*, pp.19-20及び87-102を参照。また本書の第二章以下を参照。

34　*Protocole de la Conférence internationale réunie á Genéve en octobre 1868*, Geneva, Imprimerie Fick, 1868, pp.51-54.

35 *The Laws of Armed Conflicts*, pp.207 ff.

36 一八九九年のハーグ第三条約；International Law of the Carnegie Endowment for International Peaceが一九二〇—一九二一年にNew York, Oxford University PressからJames Brown Scottの監修で作成した正文訳である *The Proceedings of the Hague Peace Conference*、及び *The Conference of 1899*, pp.247-250, *The Laws of Armed Conflicts*, pp.211-215を参照。

37 *The Proceedings*…*1899*, pp.453-454, 461-462, 388, 390-391。われわれが知る限り、総会では標章については議論されなかった。op. cit., pp.27-44を参照。

38 同書、pp.461及び388.

39 同氏は、スイス政府代表として会議に出席していたが、同時にＩＣＲＣ委員であり事務局員でもあった。ＩＣＲＣ自らは代表を派遣しなかった。

40 同書、p.390.

41 同書、p.391.

42 *The Laws of Armed Conflicts*, pp.211-215.

43 *Actes de la Conférence de Révision réunie á Genéve du 11 juin au 6 juillet 1906*, Geneva, Imprimerie Henry Jarrys, 1906, p.17.

44 同書、p.63.

45 同書同頁。

46　一九〇六年六月一六日。*Actes 1906*, pp.160-163 を参照。

47　同書、p.161。オランダ代表は、「旗」の代わりに「標章」の語を提案した。それは頑固な代表団が旗（の語）よりも一層受け入れやすく思えたからである。提案は第二委員会で承認された。

48　同書、p.162.

49　同書同頁。

50　トルコは会議に招待されていたが代表は派遣しなかった。

51　*Actes 1906*, p.162.

52　同書同頁。

53　同書同頁。

54　同書同頁。

55　同書同頁。実際の投票が行われなかった事実が極めて重要だとする論者もいる。委員会報告とは異なり、参加者は第四委員会委員長に対し、誰も発言を求める者がいなかった事実を簡潔に記すよう求めている。当時の外交会議の手続は、今日より形式的ではなかったというべきだろう。一般的に投票は要請があった場合にのみ行われ、それ以外の場合、反対がないときには同意がなされたものと見なされた。とはいえ手続は合意の証拠であり、それが重要であった。ちなみに、こうした慣行は、近年これを「コンセンサス」と呼ぶ国連において再び支持を集めるようになっている。同様に、「国連憲章に基づく国家間の友好協力関係に関する国際法原則の宣言」（一九七〇年の決議二六二五〈XXV〉）も国連総会の投票なしで採択された。

56 *Actes 1906*, pp.162-163.

57 一九〇六年六月一八日。同書、p.175.

58 *Actes 1906*, p.260.

59 同書同頁。

60 同書、p.214.

61 同書、p.286; *The Laws of Armed Conflicts*, p.228.

62 *Actes 1906*, p.292.

63 *The Laws of Armed Conflicts*, p.233.

64 同書、同頁。De Martens 著 : *Nouveau Recueil général de Traités*, third series, vol.II, p.620.を参照。

65 *The Laws of Armed Conflicts*, p.233. League of Nations Treaty Series, vol.19, p.293及びvol.31, p.263.を参照。

66 International Law of the Carnegie Endowment for International Peace が James Brown Scottの監修で作成した公式文書訳 *The Proceedings of The Hague Peace Conferences. The Conference of 1907*, vol.III(第二、第三、第四委員会), p.292.

67 同書、pp.560-561.

68 同書、pp.562-563.

69 同書、p.563.

70 同書同頁。

71　同書、pp.563-564（原著イタリック）.
72　同書、p.564.
73　一九〇六年七月一六日。同書、pp.296-299.
74　同書同頁。
75　同書、pp.298-299.
76　*The Proceedings of the Hague Peace Conference, The Conference of 1907*, vol.I（総会）, pp.62-65.
77　同書、p.63.
78　同書、pp.63-64.
79　同書同頁。
80　同書、p.64.
81　同書、p.65.
82　一九〇六年一〇月一八日のハーグ第一〇条約。
83　*The Proceedings…1907*, vol.I, p.702; *The Laws of Armed Conflicts*, pp.241-242.
84　*The Laws of Armed Conflicts*, pp.241-242.
85　同書同頁。
86　議長閉会の辞、*Actes 1906*, pp.270-271;「軍の衛生活動の標章の統一が維持されてきた……」を参照。
87　*Actes 1906*, p.162.

88 *The Proceedings…1907*, vol.I, p.651; *The Laws of Armed Conflicts*, p.237.

89 Onziéme Conférence internationale de la Croix-Rouge, Geneva, 1923, Compte rendu, pp.143及び181-183.

90 *Actes de la Conférence diplomatique convoquée par le Conseil fedéral Suisse pour la Revision de la Convention du 6 juillet 1906 pur l'Amélioration du Sort des Blessés et Malades dans les Armées en Campagne, et pour l'Elaboration d'une Convention relative au Traitement des Prisonniers de Guerre, réunie á Genéve du 1et au 27 juillet 1929*, Geneva, Imprimerie du Journal de Genéve, 1930（以後、Actes 1929と言及）。

91 同書、pp.247-254.

92 同書、pp.247-248.

93 同書、pp.248-249.

94 同書、pp.248-250.

95 同書、p.250.

96 同書同頁。

97 同書、pp.251及び253.

98 ＩＣＲＣに全く責任がなかったわけではないというのが真実である。一九〇六年及び一九〇七年の会議が示した寛大な措置により、ＩＣＲＣは一九二四年、エジプト赤新月社とイラン赤のライオン及び太陽社を承認した。われわれの調査では、この決定の理由は明らかではないが、それはＩＣＲＣがそれまでとってきた一連の行動から逸脱していた。

99 *Actes 1929*, p.251.

100 *Actes 1929*, p.666; *The Laws of Armed Conflicts*, p.252.

101 *Actes 1929*, p.615.

102 六年後、アフガニスタンはＩＣＲＣに赤の門社(*Mehrab-e-Ahmar*)の承認を求めた。第二章以下を参照。さらに一九三一年五月、ダビデの赤盾社はＩＣＲＣに承認を求めたが、同社は独立国の領域に設立されていなかったので承認されなかった。ＩＣＲＣは、一九三一年七月二八日、同趣旨の回答を行い、同社が選択した標章が後日、同社の承認の障害になる可能性があることに注意を喚起した。この問題は一九四八年まで再燃しなかった。第二章以下を参照。

103 Paul Des Gouttes 著 : *La Convention de Genéve pour l'amélioration du Sort des Blessés et Malades dans les Armées en Campagne du 27 juillet 1929, Commentaire*, Geneva, ICRC, 1930, p.144.

104 同書、p.145.

105 同書同頁。

106 一九三八年六月、ロンドンの第一六回赤十字国際会議文書 No.11a: *ICRC; Report on the Interpretation and Extension of the Geneva Convention of July 27, 1929*. 及び *Revue internationale de la Croix-Rouge*, No.231, March 1938, pp.193-244. を参照。

107 *Report on the Interpretation*…, p.24 及び *Revue*…, *1938*, pp.215-216. P. Des Gouttes: "Projet de révision de la Convention de Genéve du 27 juillet 1929 présénte aux Sociétés nationales de la Croix-Rouge par le Comité

international de la Croix-Rouge". を参照。 *Revue internationale de la Croix-Rouge*, 19th year, N.233, July 1937, pp.645-681, 特に658.

108 *Report on the Interpretation*…, p.24. Revue…1938, pp.215-216.

109 *Compte rendu de la Seiziéme Conférence internationale de la Croix-Rouge*, London, 1938の第一六回赤十字国大会議決議一〇を参照。

110 一九三七年の草案は死文のままである。しかし、この出来事は無意味ではなかった。一九四九年以降、ＩＣＲＣは、新たな標章、特にイスラエルが要求したダビデの赤盾標章の承認に反対してきたとしてしばしば非難されてきた。文献によれば、一九三七年にはダビデの赤盾の問題は正式に提起されなかったが、ＩＣＲＣの立場は当時も現在と同じだった。

111 一九四五年二月一五日、ジュネーブからＩＣＲＣがジュネーヴ諸条約締約国政府と各国赤十字社に送った回状。これについては、*Revue internationale de la Croix-Rouge*, No.314, Feb. 1945, pp.85-89 を参照。

112 *Report on the Work of the Preliminary Conference of National Red Cross Societies for the Study of the Conventions and of various problems relative to the Red Cross*, Geneva, ICRC, 1947 を参照。

113 同書、pp.43-44.

114 同書、p.44.

115 *Report on the Work of the Conference of Government Experts for the Study of the Conventions for the Protection of War Victims*, Geneva, ICRC, 1947を参照。

116 同書、pp.47-48.

117 第一七回赤十字国際会議（一九四八年、ストックホルム）: Documents No.4a: *Draft Revised or New Conventions for the Protection of War Victims*, Geneva, ICRC, May 1948. を参照。

118 同書、p.23.

119 一九四八年八月、ストックホルムで開催の第一七回赤十字国際会議で承認された（外交会議の協議の基礎となった）"Draft International Conventions for the Protection of War Victims"を参照。

120 *Revised and New Draft Conventions for the Protection of War Victims, Remarks and Proposals submitted by the Internationa Committee fo the Red Cross*, Geneva, ICRC February 1949.

121 同書、pp15-17. 提案と協議内容については、次頁以下を参照。

122 *Final Record of the Diplomatic Conference of Geneva of 1949, Bern, Federal Political Department*, 4 volumes（以後、*Final Record 1949* と言及）を参照。

123 一九四九年五月一六、一七日。*Final Record 1949*, vol.IIA, p.89-92を参照。

124 同書、p.89.

125 同書、pp.90-92.

126 同書、p.91.これらの提案は、すでにJean S.Pictetが *The Sign of the Red Cross*, Geneva, ICRC, 1949 及び*Revised and New Draft Conventions for the Protection of War Victims, Remarks and Proposals submitted by the International Committee of the Red Cross*, pp.15-17 の中で行い、発展させている。

127 *Final Record 1949*, vol.IIA, p.91. アフガニスタン代表 Mr. Bammate の演説全文は、Paul de La Pradelle著 ; *La Conférence diplomatique et les nouvelles Conventions de Genéve du 12 août 1949*, Paris, les Editions internationals, 1951, Annex VIII, pp.406-410に収録されている。

128 *The Laws of Armed Conflicts*, p.257.

129 *Final Record 1949*, vol.III, p.40.

130 *Final Record 1949*, vol.IIA, p.92.

131 同書同項。

132 同書同項。

133 一九四九年六月二三日。*Final Record 1949*, vol.IIA, pp.150-151 を参照。

134 同書、p.150.

135 同書、pp.150-151.

136 同書、p.150.

137 同書、pp.150-151.

138 同書、p.151.

139 同書、p.187.

140 一九四九年七月二一日。*Final Record 1949*, vol.IIB, pp.223-232 を参照。

141 前掲 p.46 を参照。

142 *Final Record 1949*, vol.IIB, p.223.
143 同書同項。
144 同書、p.224.
145 同書、p.225.
146 同書同頁。
147 同書、pp.224-227.
148 同書、p.227.
149 同書同頁。
150 同書、pp.227-228.
151 同書、pp.228-229.
152 同書、p.229.
153 同書、pp.229-230.
154 同書、p.230.
155 同書同頁。
156 同書同頁。
157 同書、pp.231-232.
158 一九四九年七月二五日。*Final Record 1949*, vol.II B, pp.255-262 を参照。

159 同書、pp.255-258.

160 同書、pp.258-262.

161 同書、p.262.

162 一九四九年八月二日。*Final Record 1949*, vol.IIB, pp.393-395 を参照。

163 同書、p.394.

164 同書、pp.394-395.

165 一九四九年八月九日。*Final Record 1949*, vol.IIB, pp.518-519. を参照。

166 ニカラグアの決議草案及び添付草稿は、*Final Record 1949*, vol.III, pp.177-179を参照。

167 *Final Record 1949*, vol.IIBpp.518-519.

168 前掲 p.8、*Final Record 1949*, vol.I, p.213; *International Red Cross Handbook*, pp.43-44; *The Laws of Armed Conflicts*, p.310 を参照。

169 *Final Record 1949*, vol.IIB, pp.519-520（捕虜の待遇に関する第三条約には、特殊標章への言及はない。）.

170 同書、p.534; イスラエルの留保については、*Final Record 1949*, vol.I, p.348 を参照。

171 *Final Record 1949*, vol.IIB, p.534. もっとも、われわれが知る限り、レバノンはイスラエルが批准文書を寄託した時、反対を表明しなかった。

172 Département Politique Fédéral 編：*Procés-verbal du Dépôt de quatre instruments portant ratification par Israël*, Berne, 6 July 1951; 及び *The Laws of Armed Conflicts*, pp.494-495.

173 P.34上段を参照。

174 例えば、Prof. Raid の一九二九年の会議における演説 :*Actes 1929*, p.250 を参照。

175 この矛盾はシリア代表が指摘した。：*Final Record 1949*, vol.IIB, pp.227-228.

176 *Final Record 1949*, vol.IIB, pp.226-227.

177 これはビルマ代表により指摘された。：*Final Record 1949*, vol.IIB, p.227.

178 ベルギー代表の演説：*Final Record 1949*, vol.IIA, p.92. を参照。

179 メキシコ代表の演説：*Final Record 1949*, vol.IIB, p.230. を参照。

180 フランス代表の演説：*Final Record 1949*, vol.IIB, pp.228-229. を参照。

181 *Final Record 1949*, vol.IIA, pp.150-151.

182 ＩＣＲＣ総裁からイランの Mohammed Reza Pahlevi 国王、及び Shahinshah 宛の一九六二年一〇月二五日付書簡。

183 国際赤十字代表者会議第五議題：*Report on the World Red Cross Conference on Peace*, Doc.CD/5/1, p.10 及び *World Red Cross Conference on Peace*, 第三議題１ａ；*Report submitted by the Ethiopian Red Cross* を参照。

184 武力紛争時に適用される国際人道法の再確認と発展のための政府専門家会議、第一会期、*Repoet on the Work of the Conference*, Geneva, ICRC, August 1971, 67, 68, 280, 281 及び第二会期、*Report on the Work of the Conference*, ICRC, July 1972, vol.I, paras.1.62, 2.381 及び 2.382。

185 武力紛争に適用される国際人道法の再確認と発展のための外交会議、第二会期、修正一覧(非公式謄写版)、

Doc. CDDH/225, 15 Dec. 1975, p.6（原書は英文）。

第二章　赤十字社の標章

1　各社の承認

当初から軍の傷者救護のための各社の中央委員会は、直接又はＩＣＲＣを通じて相互に連絡し合う慣行を発展させてきた。国境を越えて各社を結びつける利益共同体が、まさに赤十字機関の独創性ではなかっただろうか。

初期の救護社の創設者の多くは、赤十字運動の発端となった一八六三年のジュネーブ会議に参加していた。彼らは互いに個人的な知り合いだったので、当然、緊密な連絡を取り合っていた。しかし、事業に弾みがつくと、一八六三年の会議に参加した国以外の国々にも事業が拡大し、新しい救護社がバルカン諸国、アジア、新世界に設立された。

これらの新設社は、赤十字運動の脇役に留まるつもりはなかった。これらの社は既設社と連絡を取ることを望み、赤十字標章の下に結実しつつあった国際的連帯を強める活動に参加することを望んだ。当然、彼らはＩＣＲＣに働きかけ、既設社と連絡をとろうとした。

こうしてＩＣＲＣは、既設社への新設社の通知機関となり、この通知は既設社に新設社を紹介する機能を果たした。これにより戦争又は自然災害の影響を受けた国の赤十字社は援助社と連絡をとった。新設社は、赤十字の国際的な活動（会議、展覧会、出版など）に参加する権利を得た。

ＩＣＲＣは、既設社に対し、トルコ（一八六八年）、モンテネグロ（一八七六年）、ルーマニア（一八七六年）、ギリシャ（一八七七年）、ペルー（一八八〇年）、アルゼンチン（一八八一年）、ハンガリー（一八八二年）、ブルガリア（一八八五年）、ポルトガル（一八八七年）、日本（一八八七年）に救護社が設立されたことを通知した。

もっとも、赤十字運動の成功により運動の原則が希薄になる傾向があったため、新設社の目的と社則が赤十字運動の本来の目的に適ったものであることを担保する必要があった。これを確認するのは、赤十字運動の創始者で基本原則の擁護者であるＩＣＲＣだった。結果として、新設赤十字社の設立通知を発送する前に、ＩＣＲＣは新設社の設立基盤を調査することを余儀無くされ、新設社の目的と社則が赤十字運動の基本原則に合致していることを証明しなければならなかった。実際には、社を組織する最良の方法について自発的にＩＣＲＣと協議する社もあった。

新設社の設立通知は、事実上、正式承認と一体となる認可の形をとった。当初、ＩＣＲＣは、この調査を独自の判断で行った。しかし、一八八七年、カールスルーエで開催された第四回赤十字国際会議は、この調査をＩＣＲＣの任務として委任し、これまでの慣行を公認する必要があると考えた。

新設社の基盤を審査した後で社の設立を通知すること[1]

この任務は、ＩＣＲＣにかなりの慎重さを要求し、ＩＣＲＣは赤十字運動の本質的原則を表現する一二項目の承認条件を定めることにより、ＩＣＲＣの目的を明確にすることが適切であると考えた。[2] ＩＣＲＣの見解によれば、これらの承認条件は赤十字運動の本質的原則を表現していた。承認条件のうちの三つは、特に考慮に値する。つまり、各社は、

(1)　ジュネーヴ条約が発効している国の社であること

(2)　赤十字社の名称を用いること

である。

(3)　白地に赤十字の標章を使用すること

これら三つの条件は、一国の社の承認とジュネーヴ条約の適用が相互に関連していることを示している。この関連が重要であるのは、第一に各社はジュネーヴ条約で保護される軍の衛生部隊の補助機関だからである。これらの条件が各社の名称と標章を規定している。

しかし、これらの条件はICRCが定めた規則だった。したがって、ICRCはその解釈について一定の裁量権があると考えていた。[3] 一九二四年に赤新月と赤のライオン及び太陽の使用を認めた一九〇六年と一九〇七年の会議の決議に従い、ICRCがエジプト赤十字とペルシャ赤のライオン及び太陽社を承認したのもそう考えていたからである。[4]

経験に基づくこうした対応が第二次大戦まで続いた。枢軸国によるヨーロッパ大半の占領は、実際に政治的、法的問題をもたらした。赤十字社の中央委員会の中には指導層が国外に避難し、国外で存在し続けた社もあるが、占領下に留まった部署は占領軍に解体され、占領軍に属する新たな赤十字社が設立された。

こうした状況下で、ICRCは事態が平常に戻るまで社の承認を停止した。[5] 戦後、一九四六年七月二六日から八月三日までジュネーブで開催された各国赤十字社の予備会議において、I

CRCはこの方針を各社に伝えた。会議はこれを承認したが、より明確でより適切な新たな規則を採択するよう求めた。[6]

新たな承認条件は、ICRCと赤十字社連盟合同委員会により起草され、一九四八年八月にストックホルムで開催された第一七回赤十字国際会議で承認された。

その条件とは、次のとおりである。

設立候補社は、

(1) ジュネーヴ条約が発効している独立国の領域内に設立されること

(2) ジュネーヴ条約に従い、赤十字（赤新月、赤のライオン及び太陽）の名称と標章を使用すること。[7]

これらの条件は先に言及した三つの条件と本質的に異なるものではない。各社の承認とジュネーヴ条約適用の関係は維持され、新設社は承認された三つの標章と名称のいずれかを使用しなければならなかった。

一方、これらの規則の地位はかなり変化した。国際赤十字の最高議決機関により承認されたことにより、この規則はＩＣＲＣを拘束し、もはやＩＣＲＣは規則の解釈と適用の裁量権を認められなくなった。結果としてＩＣＲＣは、これらの三つの標章の一つを使用しない社を承認する権限がなくなった。

さらに、もし既設社のうちの一社が標章をジュネーヴ条約で定めていない標章に変更する決定をした場合、ＩＣＲＣはその承認を取り消す義務を負うことになり、結果として国際赤十字からその社は排除されることになる。幸いそのような事態は起こらなかった。

にもかかわらず、数年も経たずに数社が新たな標章を採用しようとした。幾つかの例は徹底した議論を呼んだが、その他は一時的な提案の域を出なかった。以下に、われわれが辿ることのできた幾つかの詳細な事例を紹介する。[8]

2　未承認標章

ここでは、これまで提案または使用されてきた未承認標章について簡単に記す。

アフガニスタン[9]

一九三四年、ＩＣＲＣはアフガニスタンの救護社設立を視野にアフガニスタン当局と交渉に入った。準備は順調に進み、一九三五年一二月、アフガニスタン政府はロンドン駐在公使を通じ、赤の門（Red Archway<Mehrab-Ahmar>）の名称と標章を採用した同国救護社の承認を求めた。

ＩＣＲＣは、この新たな標章を承認しなかった。一九二九年の条約第九条を拡大解釈し、ＩＣＲＣは新しい救護社が赤新月の名称と標章を採用するよう提案した。一九三六年二月二一日付の文書でアフガニスタン公使はこれを拒否し、次のように述べた。

> 上記のアフガニスタン救護社の標章として赤十字を採用することはできないのと同様に、社の名称についても、たとえ宗教的な印でないとしても、明らかに他国の国家的標章である赤新月と赤のライオン及び太陽の名称をアフガニスタンが受け入れることはできない。[10]

一九三六年七月二三日、アフガニスタン政府はロンドン駐在公使が述べた立場を繰り返した。しかし、一九三八年、アフガニスタン救護社は「アフガニスタン赤新月社」の名称を採用した。これが一九五四年九月二日に承認され、同社の標章は弧が上向きの三日月となった。

この例は、幾つかの標章がもたらすジレンマの一例である。一九三六年にアフガニスタンは、外国の紋章だとして赤新月標章を拒否したが、一九四九年に同国代表は、宗教的理由からいかに自国民が赤新月標章に愛着を感じているか強調している。

キプロス[10]

一九五〇年、イギリス赤十字の支部がキプロスに設立された。同地の独立が予想されたので、イギリス赤十字は、キプロス支部を一国の赤十字とするために動いた。直面した問題の一つは、新しい社の名称と標章だった。

イギリス赤十字は、「キプロス赤十字・赤新月社」の名称を提案し、標章は承認されている二つの標章の組み合わせで構成されることになっていた。ＩＣＲＣは、これを明確に拒否した。組み合わせで構成される新たな標章の採用を容認するのを恐れたからである。

ところで近年、クルド赤十字社とエリトリア赤十字・赤新月社と称する二つの団体が赤十字と赤新月の二つの標章を組み合わせた標章を申請している。しかし、どちらの団体も承認国家に属するものではないので、これらの団体の承認問題を考慮する必要はない。

インド[12]

インド赤十字社は、第一次世界大戦後に設立され、一九二九年に承認された。同社は植民地時代以前から長い伝統を有していた。しかし、独立後、ある政府団体と同国赤十字社の指導者がイギリス統治時代のあらゆる標章を破棄し、インド固有の標章に代えることを求めた。彼らは赤十字の代わりに白地に赤い糸車の標章を提案した。この提案は議論を呼んだが、ほどなく放棄された。

イスラエル[13]

一九四九年の外交会議は、ダビデの赤盾標章の承認を拒否した。しかし、この標章を表示する救護社は一九三〇年からパレスチナに存在しており、一九五二年六月一日、ダビデの赤盾社はその承認を求めた。しかし、第一七回赤十字国際会議で承認された承認条件[14]の五番目の条件を満たさないため、ＩＣＲＣは、イスラエルの救護社の承認を拒否せざるを得ず、一九五二年六月二五日の書簡でその旨を同社に通知した。このため、ダビデの赤盾社は国際赤十字の一員になれなかった。

以来、この問題は同社の地位を正常化するためにＩＣＲＣ、イスラエル政府及びダビデの赤盾社により定期的に協議されてきた。しかし、満足すべき解決策は見出されていない。

これらの法的問題を抱えながらも、ＩＣＲＣと同社は密接な協力関係を保ち、中東における近年の紛争犠牲者への支援では、特別な協力関係にあった。（＊訳者注：同社は現在、国際赤十字・赤新月運動の一員であるが、この経緯については、巻末の〈訳者による補記〉を参照。）

日　本[15]

一八七七年、博愛社と命名された人道機関が日本に設立された。その目的は、各国赤十字社と同じものである。同社の標章は、白地に赤の横棒に日の丸（または太陽の下に赤の横一文字を置くもの）だった。

一八八六年、日本はジュネーヴ条約に加入し、同年、博愛社は赤十字の名称と標章を採用した。日本赤十字社は一八八七年に承認された。

レバノン

レバノン赤十字は第二次世界大戦直後に設立され、一九四七年一月三〇日に承認された。同社は急速に発展したが、キリスト教徒とイスラム教徒の紛争が起こるとその事業は停滞した。

当時、白地に赤い杉の標章を採用するかどうかの問題があったようだ。杉は、多様な宗教的共同体を結束させる国の象徴だった。しかし、この提案は予備協議の域を出ず、これに関する記録は文献庫でも見つかっていない。

スーダン[16]

スーダンでは、イギリス・エジプト共同統治時代に二つの新設社が設立された。一つはイギリス赤十字の支部で、もう一つはエジプト赤新月社が支援する赤新月の支部である。独立後、これら二つの支部の合併問題が浮上し、新たな社が採用する標章を何にすべきかという問題が生じた。赤のサイとその他の案が出されたが採用されなかった。結局、同社は赤新月を選んだ。スーダン赤新月社は、一九五七年一一月一日に承認された。

スリランカ[17]

セイロン赤十字は、イギリス赤十字の支部を継承し、一九四九年四月一日に設立された。同社は、一九五二年三月六日に承認された。しかし、同島の独立後、他の救護社が急速に発展する中、セイロン赤十字幹部は困難に直面した。国民が赤十字標章からイギリスの占領時代とキリスト教を連想したからである。そこで赤十字をスリランカの宗教と習慣に馴染む標章に代えようとした。

一九五七年、仏教、ヒンズー教、ジャイナ教に千年以上も共通する印である卍（まんじ）が提案された。この提案は、それ以上議論されなかった。

一九六五年、すべての援助機関を赤十字社に統合する案が出され、その標章として剣を振りかざす赤のライオンを採用する案が出た（この標章は国旗に描かれ、すでに僻地開発に携わるサルボダヤ・シュラバダーナ〈人間覚醒・地域再開発〉運動が使用していた）。ＩＣＲＣと連盟は新たな保護標章の導入には反対し、セイロン赤十字はＩＣＲＣと数度通信を交わした後、この件の議論を止めた。

シリア[18]

第二次世界大戦後、シリアに救護社が設立された。元々、シリア救護社の創設者は赤十字（フランス統治を想起させる）にも赤新月（トルコ統治を想起させる）にも反対だったようだ。そこで赤のシダの標章、カリッサ（＊訳者注：インド産の夾竹桃科の低木）と聖書の標章を提案した。ＩＣＲＣがこれに異議を唱えたので、シリアはこの案を放棄した。シリア赤新月社は一九四六年一〇月一二日に承認された。

タイ[19]

一八六三年、フランスとシャムの国境紛争が武力紛争に発展した。サババ王妃の奨励により傷者救護社がバンコクに設立され、同社は赤い炎社と訳されるサババ・ウナロム・デン〈Sabha Unalome Deng〉社の名称を採用した。

同社の標章は、赤十字と仏教徒の象徴である赤い炎を組み合わせたものだった。一八九九年と一九〇六年の赤十字国際会議でシャム代表はこの標章の承認を求めたが、一九〇六年の会議の後、軍の衛生部隊の保護のために白地に赤十字の標章を採用した。

一九一八年、同社はサババ・カ・チャド・シャム〈Sabha Ka Chad Syam〉社、すなわちシャム赤十字社の名称を採用した。同社は一九二〇年五月二七日に承認された。

ソビエト連邦[20]

ソビエト社会主義共和国連邦は、一九二四年一月三一日の憲法により連邦制となった。

一九二六年、地方分権と自治支部の原則に従い、様々な共和国に救護社が再編成された。事実上、これらの支部は自治組織となった。それぞれの組織は多数を占める住民がどちらかにより赤十字又は赤新月の名称と標章を採用した。

これらの組織は、調整機関であるソビエト社会主義共和国連邦赤十字・赤新月社同盟をモスクワに設立した。同盟執行委員会は、各社の海外における調整代表の役割を担った。

同盟は管理上、赤十字と赤新月から構成される標章を使用するが、同盟各社は活動にあたっては各社固有の標章を使用した。

一九二一年一〇月一五日、ＩＣＲＣはモスクワ赤十字を「ロシア赤十字社、すなわちソビエト社会主義共和国連邦の領域を構成する旧ロシア帝国内のロシア地域赤十字社」として承認した。[21]ＩＣＲＣは、ロシア赤十字から「ソ連共和国領域内には他の赤十字社は認めない」という確約を得ていた。[22]一九二六年の再編以後、同盟執行委員会は、各社は個別に承認されるべきだと考えるようになった。しかし、ＩＣＲＣは、「同盟執行委員会は、赤十字国際機関においては、ソ連共和国の前ロシア赤十字中央委員会の地位と機能を継承した」との見解だった。[23]したがってＩＣＲＣの見解によれば、再承認は不可能であり、単に組織が他の組織に代わったことを記録した。

また援助及び救護活動に当たっては、各社は一つの標章及び名称を使用し続けたため、一九二六年の再編により新たな標章を採用することにはならなかった。

ザイール[24]

独立直後に設立されたコンゴ赤十字は、当初から困難に直面した。国内で対立する党派が救護社を支配しようとしていた。その結果、対立する数社が設立されるに至った。

この中の一社が中央コンゴ赤の羊社であり、一九六三年から一九六四年にかけて同社は一定の事業拡大を見た。一九六三年九月、同社はＩＣＲＣ、連盟及び数社に承認及び物的援助を求めたが、この要求は認められなかった。

＊　＊　＊

図1　承認されている標章

図2　承認されなかった標章

【注】

1　一八八七年、カールスルーエの第四回赤十字国際会議、*Compte rendu*, p.90.

2　*Organisation générale et Programme de la Croix-Rouge*, second edition, Geneva, 1898, pp.25-26. これらの承認条件は、一九四二年まで *Manuel de la Croix-r-Rouge internationale* の続版で復刻された。

3　*Manuel de la Croix-Rouge internationale* の第七版、第八版では承認条件に以下の脚注が付されている。

今日では、慣習を表現したこれらの原則は、一八八七年のカールスルーエの国際会議の後、ＩＣＲＣにより確立された。同会議は、当時、すでに確立されていた慣習を再確認し、ＩＣＲＣに対し、新設赤十字社の設立基盤を審査した上で、既存各社に対してその旨を通知するよう指示した。

これらの原則の多くは、以後、赤十字国際会議決議で黙示的に承認され、Manuelの新版に変わることなく掲載されてきた。しかし、赤十字国際委員会は、各種法主体の国際法上の地位の複雑さに鑑み、個々の事例を考慮に入れてこれらの原則を柔軟に解釈することを余儀なくされている。

Manuel de le Croix-Rouge Internationale, Geneva, ICRC, Paris, League of Red Cross Societies, 7th ed., 1938, pp.249 及び 250, 8th ed., 1942, pp.255-256 を参照。

4　われわれの見解では、トルコの傷者救護社が赤新月を表示していたにもかかわらず、一八七七年にＩＣＲＣが同社を承認したと考えることはできない。ＩＣＲＣは一八六八年に各社に対し、トルコ救護社の設立を通知していた。一八七七年にＩＣＲＣは、同社の再設立を公表したが、赤新月標章の使用については留保を表明した。したがって一八七七年の回状は、承認ではなく単なる通知にすぎない。このように言える理由は二つある。

(a) 一八七七年にＩＣＲＣは、新設社を承認する権限を明らかに付与されていなかった。

(b) にもかかわらず承認が認められたと論じるならば、承認はトルコ救護社が最初に設立された一八六八年に遡ることを認めなければならない。しかし、当時、トルコ救護社は赤新月を使用するいかなる権利も要求しなかった。

5 ＩＣＲＣは、一九四一年九月一七日の回状 No.365 で各国赤十字社中央委員会にこの決定を通知した。

6 *Report on the Work of the Preliminary Conference on National Red Cross Societies for the study of the Conventions and of various Problems relative to the Red Cross*, Geneva, ICRC, 1947, pp.133-136. を参照。

7 一九四八年、ストックホルムで開催の第一七回赤十字国際会議、*Report*, pp.77-78 及び 89-90 ; *International Red Cross Handbook*, pp.332-333.

8 他のＩＣＲＣ文書には標章に関する資料はない。したがって、われわれは数社と交わされた通信を調べなければならなかった。調査は経験に基づくものであり、その所見は網羅的なものと見るべきではない。

9 出典：ＩＣＲＣ記録、file No.CR 00/2.

10 原文は英語。

11 出典：ＩＣＲＣ記録、file 122(35), 122(70) 及び 122(140).

12 出典：ＩＣＲＣ記録、file No.CR00/67II 及び 043.

13 出典：ＩＣＲＣ記録、file No.122(171).

14　本書 p.87 を参照。
15　出典：ＩＣＲＣ記録 – file Japanese Red Cross Society 1885-1914（目録番号なし）
– Mr. Gerhard Dumke, Dr. Jur., Landesgerichtsrat, Oberhausen からの通信、一九五一年三月二〇日付
ＩＣＲＣ記録、file No.121（179）.
16　出典：ＩＣＲＣ記録、file No.121（179）.
17　出典：ＩＣＲＣ記録、file No.121（32）.
18　出典：ＩＣＲＣ記録、file No.CR 00/61.
19　出典：—Bye-laws of the Red Cross of Siam, in *Bulletin des Sociéte de la Croix-Rouge*, 1920, pp.771 ff.
20　出典：ＩＣＲＣ記録、file No.CR 00/50c.
21　赤十字中央委員会宛の一九二一年一〇月一五日付回状 No.206.
22　同書同項。
23　赤十字中央委員会宛の一九二八年一月三日付回状 No.273.
24　出典：ＩＣＲＣ記録、file No.121（37）.

むすび

これまでの研究は、標章の統一を崩壊に導いた歴史的状況を振り返るのが目的である。この研究の結びとして、われわれは現状を分析しなければならない。[1]

1 現状（一九七〇年代後半）

本来、標章の統一は傷者及び医療要員の国際的保護制度にとり本質的な問題である。元来の標章に加えて二つの標章が承認されたことにより、この理念は損なわれた。これが様々な標章が次々に出現する騒動の発端である。結果として、その後の新しい標章は拒否されたが標章の統一は実現しなかった。

この状況は歴史的要因により説明できるかもしれないが、論理性と平等性の点において、現状はまったく正当化できない。さらに、この現状が多くの問題の火種となっている。

(1)　まず、三つの標章が共存することは、純粋な意味で国際関係を支配する権利の平等性の原則に合致するかが問われるだろう。それはキリスト教とイスラム教諸国に有利な偏見であり、他の宗教に対する差別のような印象を与える。

最初の標章についての宗教的又は無宗教的な性格については多くが語られてきたので、われわれはこの議論を再燃するのを避けてきた。標章の意味は、本質的にそれを見る者の解釈による。しかし、赤十字、赤新月及び赤のライオン及び太陽の共存は、これら三つの標章に紛れもなく宗教的な意味を与えているが、最初の標章だけはそのような意味はなかった。以前は宗教的意味がなかった赤十字に宗教的意味があるかのような印象を与えてしまったのは、赤十字と比べられる赤新月の外見である。

唯一の標章に復帰すれば差別を解消できるだろうが、それは現状を損なうことになる。

(2)　異なる宗教が共存する国では、数種類の標章を採用することで多くの問題が生じてきた。赤十字社があらゆる国民にいかに奉仕しようとしても、標章はそれが髣髴とさせる宗教集団と関連しているように見られる。これでは、赤十字活動の発展は阻害されるだろう。

宗教に起因する騒乱や内戦では保護標章は無視されることになり、赤十字社は、その活動が最も必要な時に機能不全に陥るだろう。近年の事例はこうした事態の深刻さを裏付けている。

(3)　三つの標章が共存することは、業務遂行において文化的、宗教的、思想的差別を超越する必要がある赤十字運動の統一性を損なう。多くの地域で、複数の標章が存在することは国際的連帯の理念と矛盾し、宗教的障害を克服する赤十字運動の破綻の徴候と見なされる。

(4)　結局、多様な標章は保護標章の価値を危うくする。それは誤解の原因となり、故意の違反の口実になるだろう。

実際、標章が保護する力を持つためには、まず敵味方に関係なく同じ標章でなければならない。この統一性が分断された時、標章の尊重、つまり傷病者の安全が脅かされる。

2 結語

本書の目的は、赤十字標章と例外的に認められた標章の歴史を概観することである。明確になった現在の状況は、論理的でも公平でもないようである。

われわれは、歴史的側面だけに限定して考察してきた。したがって、現状を変えることを提案するのがわれわれの仕事ではない。

しかし、標章の問題は、万人が受け入れ可能な妥協策を見出すために更に検討する価値がある。保護標章の統一と普遍化は十分犠牲を払う価値があり、それを達成するために誰もが努力しなければならない。最も危険に晒されるのは傷病者と医療要員の安全である。

戦地にある軍隊の傷者の状態の改善に関するジュネーヴ条約第三八条を改訂することができるのは外交会議だけであるが、まず第一に、赤十字運動の内部において標章の統一を回復する努力をすべきである。結局、痛手を受けるのは赤十字である。赤十字の統一性と普遍性、そして武力紛争犠牲者の利益のために活動する赤十字の能力が損なわれるのである。標章問題に明確な解決策を見出すことで、赤十字運動は国家的、文化的、思想的、宗教的な障害を超越する連帯の精神を明確に証明することができるだろう。

赤十字運動がそうした解決策を見出すならば、諸国はこれに従うことが期待される。幸い、前例がある。つまり保護標章は救護社により考案され、その後、諸国家がこれを採択したという事実である。

F・ブニョン

【注】

1 「むすび」では、赤十字の役割の再評価に関する研究班の分析と提言を考慮した。この分析と提言については、Donald D.Tansley の "An Agenda for Red Cross", Geneva, Henry Dunant Institute, July 1975, の最終報告、pp.125-127 を参照。

〈訳者による補記〉

赤十字標章を巡る現在の状況と赤のクリスタル標章の採用

～標章問題の永続的、包括的な解決策の実現～

訳者記

二〇〇五年に第三追加議定書標章を採択

その後も標章問題に明確な解決策を見出すことは、国際赤十字・赤新月運動の統一性と普遍性を維持し発展させるためにも重要な課題となってきた。

赤十字標章の統一を巡る議論は、特にイスラエルのダビデの赤盾

赤のクリスタル(Red Crystal)標章

標章の承認問題を巡り長年継続されてきた。ダビデの赤盾標章の使用を要求するイスラエルは、新設赤十字社は既存の三つの標章のいずれか一つを選択しなければならないという赤十字社の承認条件を満たさないため、長い間、自国のダビデの赤盾社が国際赤十字・赤新月運動に参加する道が閉ざされてきた。

その後もイスラエルは、一九七四年から一九七七年の国際人道法の再確認と発展のための政府外交会議でダビデの赤盾標章の承認を得ようとしたが実現しなかった。

そして近年、特に二一世紀に入り、イスラエルはアメリカの強い支援を得ながらダビデの赤盾標章の承認を得るために積極的な外交活動を展開してきた。しかし、ＩＣＲＣはこれ以上、宗教的な起源を持つ標章を採択することを一貫して拒否してきた。

しかし、近年、関係当事者の粘り強い外交交渉の末、二〇〇五年になりようやく、この問題を永続的かつ包括的に解決する道が見出されることになった。

それは、すでに承認されている三つの標章に加え、これら既承認の標章の使用を望まない国が選ぶことのできる第四の標章として「赤のクリスタル（Red Crystal）標章」の使用を認めるジュネーヴ諸条約第三追加議定書が二〇〇五年一二月八日に採択されたことである。

この議定書を批准したイスラエルは、以後、国際的な保護標章として「赤のクリスタル標章（正式には「第三追加議定書標章」という。）」を使用することとなり、その一方で国内においては、この標章にダビデの赤盾標章を入れ込んで使用することが可能になった。この妥協策をイスラエルが受け入れたことで同国の建国以来、半世紀以上も続いてきたイスラエルの標章問題に最終的な決着がついた（＊詳細については、筆者編訳代表による『赤十字標章ハンドブック』東信堂刊、二二三頁以下を参照）。

同時に第三追加議定書は、今後、既存の三つの標章の使用を望まない国が出た場合にはこの標章を選択できることになり、標章問題の恒久的かつ包括的な解決策として提示されたものでもある。

すでに本書で見てきたように、この解決策は一九四九年の条約改訂会議の第一委員会が新たな標章の条件として提案した、⑴世界のどこでも宗教的な意味を持たず、いなかる宗教的、文化的あるいはその他の機関を連想させない標章であること　⑵標章は白地に赤色により構成されること　⑶視認性が最大限に確保されるものであること　⑷最小限の材料と労力で製作可能な、わかりやすい幾何学模様であること　などの条件を満たすものでもあり、これらは、一九四九年の外交会議におけるインドやニカラグアの提案に見られたものといえる。

なお、赤のライオン及び太陽標章については、条約上、その使用は現在も認められているが、この名称と標章を使用してきたイランが一九八〇年七月、この標章の使用を放棄し、赤新月標章を採用したので現在、使用する国はない。しかし、一九八六年一〇月に改訂された国際赤十字・赤新月運動規約には同標章はそのまま維持されている。

二重標章の問題

イスラエルの標章問題とは別に、赤十字と赤新月の標章を並列して表示する二重標章の問題も長く議論されてきた。第三追加議定書標章は、この問題にも最終的な解決をもたらしたとされる。

ジュネーヴ諸条約では、救護社は三つの承認された標章のいずれか一つを選択しなければならず、二つを選ぶことはできない。したがってＩＣＲＣは、二つの標章を併記、並列して使用することを承認しなかった。しかし、異なる宗教が共存するソビエト連邦赤十字・赤新月社同盟のように例外的に赤十字と赤新月を並列して表示する社があった。

一九二四年一月三一日、ソビエト社会主義共和国連邦憲法が採択され、ロシア赤十字は新憲法の連邦規則に従って再編成された。同社を組織する中で共和国支部の中には、赤十字標章を採用するものと赤新月標章を採用するものがあった。これらの共和国赤十字社や赤新月社は、中央調整機関としてソビエト社会主義共和国連邦赤十字・赤新月社同盟を組織し、それが国際的には同社を代表することになった。こうしてソ連邦では二つの標章が使用されることになった。しかし、ＩＣＲＣによれば、ソ連軍の衛生部隊は赤十字標章のみを使用していたとされる。

冷戦終結後の一九九一年一二月にソ連邦が崩壊すると、同盟の各共和国支部は、住民人口の宗教的優位性により赤十字社又は赤新月社を組織するようになった。しかし、キリスト教徒とイスラム教徒の比率がほぼ拮抗していたカザフスタンは、カザフスタン赤十字・赤新月社の名称を使用し、二つの標章を併記する二重標章を使用し続けた。

一九九三年三月三一日、カザフスタン国会は、同国のジュネーヴ条約加入を決議したが、その際、次の留保を行った。

「カザフスタンは、軍の衛生活動の特殊標章として、また固有の標章として赤十字と赤新月の二重標章を使用する。」

ＩＣＲＣは従来からの承認条件に基づき、カザフスタンの救護社を承認しなかった。しかし、その後同社は、二重標章の使用により軍隊が保護標章を使用する権利が失われること、同社がＩＣＲＣから承認を得られないため国際赤十字・赤新月運動に参加できないこと、また中央アジアの共和国が赤新月を採用していることなどから、二つの標章を使用する留保を取り下げ、赤新月標章を使用する決定を行った。この関連国内法が二〇〇一年二月二〇日に発効したことにより、同社はカザフスタン（カザフ）赤新月社と改称し、二〇〇三年一一月二〇日、世界で一八〇番目の社として正式に承認された。

エリトリア赤十字社の状況も同様の問題を抱えていた。同国軍隊の衛生部隊は赤十字と赤新月の二重標章の使用を望んでいたが、二〇〇〇年八月一四日、同国がジュネーヴ条約に加入した際には、標章について何ら留保を付さなかった。

二重標章が法的に認められないことは、ジュネーヴ第一条約第三八条、第四四条及びジュネーヴ諸条約第三追加議定書第二条の趣旨から明らかだというのがＩＣＲＣの見解である。また国際赤十字・赤新月社連盟も一九九九年一〇月に採択した新しい憲章において、赤十字と赤新月の二つの標章だけの使用を認めている。さらに二〇〇九年一一月に公表された国際赤十字合同作業部会が作成した「標章の研究（Study on Operational and Commercial and Other Non-Operational

Issues involving the Use of the Emblem)」においても二重標章はいかなる場合でも認められないと勧告している。

これに関する唯一の例外は、世界一八七社に及ぶ赤十字社と赤新月社が加盟する国際赤十字・赤新月社連盟のロゴマークであり、同連盟は一九八三年に赤十字と赤新月が並記される二重標章を四角枠で囲むデザインをロゴとして採用した。これは運動の構成員である各社のロゴを並列表記したもので個別国家の使用ではないので唯一認められた国際機関のロゴといえるだろう。なお、同連盟は第三追加議定書標章が採択された後も連盟のロゴの変更は行わない決定をしている。

赤十字標章の統一を巡る議論は、二〇〇五年にようやくジュネーヴ諸条約第三追加議定書が採択されたことにより最終的な解決を見た。標章に寄せる威信と信頼は、今後、各国および各国赤十字、赤新月社らがこれらの規則を実際の活動の中でいかに誠実に履行してゆくかにかっているといえるだろう。

原著者による文献目録

A　未刊行資料

I　ICRC記録

file "Origins of the red cross" :CR 48;

file "Misuse of the emblem" :CR 16/0/I, II, III; CR 16/I, II, III, IV: 043;

参照番号のない古文書：トルコ救護社(the Ottoman National Society：1868-1912)及び日本赤十字社(一八八五―一九一四)との通信文。

各社(旧分類)との通信文又は各社に関する通信：CR 00/2; CR 00/54; CR 00/61; CR 00/67; CR 00/94; CR 00/96; CR 00/100;(新分類)：121(2); 121(24); 121(32); 121(37); 121(66); 121(71); 121(124); 121(128); 121(175); 121(176); 121(179); 121(180); 121(181);

未承認社との通信又は未承認社に関する通信：122(35); 122(70); 122(140); 122(171).

Conférence internatioanle pour la Neutralisation du service de santé militaire en campagne (handwritten), 22

Aug. 1864.

XVIIth International Red Cross Conference, Stockholm, August 1948: *Recognition of Red Cross Societies, Report by the International Committee of the Red Cross.* (Item V of the Agenda of the Legal Commission). Document B V 1 A (mimeographed).

World Red Cross Conference on Peace, Belgrade, 11-13 June 1975, *Report submitted by Ethiopian Red Cross.* (Agenda item 3.1.a). document CCRP/R3.1.a/1 (mimeographed).

Council of Delegate, Geneva, 24 et 25 October 1975, *Report on World Red Cross Conference on Peace* (Agenda item 5), document CD/5/1 (mimeographed).

Diplomatic Conference on the Reaffirmation and Development of International Humanitarian Law Applicable in Armed Conflicts, second session (Geneva,3 February – 18-April 1975), *Table of Amendments*, documents CDDH/225, 15 December 1975 (mimeographed).

B　刊行資料

1　Proceedings and Records of Diplomatic Conferences of Experts and International Red Cross Conferences

Compte rendu de la Conférence internationale réunie á Genéve les 26,27,28 et 29 octobre 1863 pour etudier les moyens de pourvoir a l'insuffisance du Service sanitaire dans les armees en compagne, second edition, Geneva, ICRC, 1904.

Protocole de la Conférence internationale reunie á Genéve en octobre 1868, Geneva, Imprimerie Fick, 1868.

Actes de la Conférence de Bruxelles (1874), Brussels. Imprimerie du Moniteur Belge, 1874.

IVe Conférence internationale des Société de la Croix-Rouge tenue á Carlsruhe du 22 au 27 septembre 1887, Compte rendu.

Convention de Genéve: Actes de la Conférence de Révision réunie á Genéve du 11 juin au 6 juillet 1906, Genéve, Imprimerie Henri Jarrys, 1906.

The Proceedings of the Hague Peace Conferences, (1899 and 1907), International Law of the Carnegie Endowment for International Peace が一九二〇―一九二一年に New York, Oxford University Press から James Brown Scott の監修で作成した正文訳、全五巻。

Xe Conférence internationale de la Croix-Rouge tenue á Genéve du 30 mars au 7 avril 1921, Compte rendu.

XIe Conférence internationale de la Croix-Rouge tenue á Genéve du 28 aout au 1er septembre 1923, Compte rendu.

Conférence diplomatique, Genéve, juillet 1929. Rapport et observations présentées au nom du Gouvernement égyptien, par M.Mohamed Abdel Moneim Riad, 1929.

Actes de la Conférence diplomatique convoquée par le Conseil Fédéral suisse pour la révision de la Convention du 6 juillet 1906 pur l'Amélioration du Sort des Blessés et Malades dans les Armées en Campagne, et pour l'Elaboration d'une Convention relative au Traitement des Prisonniers de Guerre, réunie á Genéve du 1er au 7 juillet 1929, Geneva, Imprimerie du Jounal de Geneve,1930.

XVIth International Red Cross Conference, London, June 1938, document No.11 a: ICRC: Report on the Interpretation, Revision and Extension of the Geneva Convention of July 27,1929.

XVIth International Red Cross Conference, London, June 1938, Report.

Report on the Work of the Preliminary Conference of National Red Cross Societies for the study of the Conventions and of various Problems relative to the Red Cross（*Geneva,July 26-August 3,1946*）, *Geneva, ICRC, 1947.*

Report on the Work of the Conference of Government Experts for the Study of the Conventions for the Protection of War Victims (Geneva, April 14-26,1947), Geneva, ICRC,1947.

XVIIth International Red Cross Conference, Stockholm, August 1948: *Draft Revised or New Conventions for the Protection of War Victims* (established by the International Committee of the Red Cross with the assistance of Government Experts, National Red Cross Societies and other Humanitarian Associations), Geneva, ICRC, May 1948.

XVIIth International Red Cross Conference, Stockholm, August 1948 Report.

Revised and New Draft Conventions for the Protection of War Victims: *Remarks and Proposals submitted by the International Committee of the Red Cross* (Document for the consideration of Governments invited by the Swiss Federal Council to attend the Diplomatic Conference at Geneva), Geneva, ICRC, February 1949.

Final Record of the Diplomatic Conference of Geneva of 1949, Berne, Federal Political Department, 1949, four volumes.

XVIIIth International Red Cross Conference, Toronto, July-August 1952, Proceedings.

XIXth International Conference of the Red Cross, New Delhi, October-November 1957, Proceedings.

XXth International Conference of the Red Cross, Vienna, October 1965, Report.

XXIst International Conference of the Red Cross, Istanbul, September 1969,Report.

Conference of Government Experts on the Reaffirmation and Development of International Humanitarian Law Applicable in Armed Conflicts, first session,（Geneva, 24 May-12 June 1971）, *Report on the Work of the Conference*, Geneva, ICRC, August 1971; second session（ Geneva 3 May-3 June 1972）, *Report on the Work of the Conference*, Geneva, ICRC, July 1972, two volumes.

XXIInd International Conference of the Red Cross, Teheran, November 1973, *Report.*

脚注：本書で言及する各種条約は、Dietrich Schindler 及び Jiri Toman 編による The Law of Armed Conflicts, 条約、決議、その他文献全集に収掲される。同書は、Leiden,A.W Sijthoff 社及び Geneva, Henry Dunant Institute が一九七三年に刊行。

2　その他の資料

ジャン・S・ピクテ編による「赤十字の創設に関する五人委員会議事録」、*Review internationale de la*

*Croix-Rouge*の英語版補記´ vol.II, No.3, March 1949.

Bulletin international des Sociétés de Secours aux militaires blessés, No.29, January 1877, No.30, April 1877, No.31 July 1877, No.32, October 1877; *Bulletin international des Societes de la Croix-Rouge*, No.153, January 1908; *Revue internationale de la Croix-Rouge*, No.314, February 1945 に収掲の赤十字国際委員会の通信

Organisation Générale et Programme de la Croix-Rouge（d'aprés les décisions prises dans les Conférences internationales par les Fondateurs et les Représentants de cette Institution）, second edition, Geneva, ICRC, 1898.

Manual de la Croix-Rouge internationale, Geneve, ICRC- League of Red Cross Societies, seventh edition, 1938; eighth edition, 1942.

La Convention de Genéve pour l'Amélioration du Sort des Blessés et des Malades dans les Armées en Campagne du 27 julliet 1929, *Commentaire* par Paul Des Gouttes, Geneve, ICRC, 1930.

The Geneva Conventions of 12 August 1949,Commentary published under the general editorship of Jean S. Pictet, vol.I: The Geneva Convention for the Amelioration of the Condition of the Wounded and Sick in Armed Forces in the Field, Geneva, ICRC, 1952.

International Red Cross Handbook, Geneva, ICRC- League of Red Cross Societies, eleventh edition, 1971.

Joint Committee for the Re-Appraisal of the Role of the Red Cross: *Final Report: An Agenda for Red Cross*, by Donald D. Tansley, Geneva, Henry Dunant Institute, July 1975.

C 研究書

BOISSIER, Pierre: *Histoiré du Comite international de la Croix-Rouge, De Solferino á Tsushima*, Paris, Plon, 1963, p.512.

DUNANT, Henry: *A memory of Solferino*（一八六二年刊行の初版フランス語版からの英訳。）Washington, The American National Red Cross, 1939, p.95.

DUNANT, Maurice:《Les orignes du drapeau et du brassard de la Croix-Rouge》, *La Croix-Rouge Suisse*, XXXe année, No 1,l January 1922,pp.2-5.

FRUTIGER, Perceval:《L'origine du signe de la croix rouge》, *Revue internationale de la Croix-Rouge*, No.426,June 1954, pp.456-467.

HUBER, Max: The Red Cross – *Principles and Problems*, Geneva, ICRC, 1941, p.191.

LA PRADELLE, Paul de: *La Conférence deplomatique et les nouvelles Conventions de Genéve du 12 août 1949*, Paris, Les Editions internationales, 1951, p.423.

PICTET, Jean S: *The sign of the red cross*, Geneva, ICRC, 1949, p.35.

PICTET, Jean S: *Humanitarian Law and the Protection of War Victims*, Leiden, A.W. Sijihoff, and Geneva, Henry Dunant Institute, 1975, p.138.

PILLOUD, Claude: *Reservations to the Geneva Conventions of 1949*, Geneva, ICRC, 1976, p.44.

ROSENNE, Shabtai: "The Red Cross, Red Crescent, Red Lion and Sun and the Red Shield of David", reprint, *Israel Yearbook on Human Rights*, vol.5, 1975, p.46.

【筆者略歴】
フランソワ・ブニョン(François Bugnion)
ICRCのイスラエル、同占領地域、バングラデシュ、トルコ、チャド、ベトナム、カンボジア代表などを経て1989年からICRC法務原則部次長。その後、国際赤十字・赤新月運動常置委員会委員、赤十字国際委員会委員などを務める。著書にLe Comite International de la Croix-Rouge et la protection des victims de la guerre(1994)など多数。

【訳者略歴】
井上 忠男(いのうえ ただお)
日本赤十字秋田看護大学教授。元日本赤十字社国際部開発協力課長、青少年課長、企画広報室参事。
[主要著作等]:『国際人道法の発展と諸原則』(訳書、日本赤十字社、2000年)
『戦争と救済の文明史』(PHP新書、2003年)
『戦争のルール』(宝島社、2004年)
『解説・赤十字の基本原則』(訳書、東信堂、2006年)
『医師・看護師の有事行動マニュアル』(東信堂、2007年)
『赤十字標章ハンドブック』(編訳、東信堂、2010年)、など。

François Bugnion
The Emblem of the Red Cross
—A Brief History—
ICRC GENEVA 1977

赤十字標章の歴史——"人道のシンボル"をめぐる国家の攻防　〔検印省略〕
2012年 9月10日　初　版　第1刷発行　＊定価はカバーに表示してあります

発行者　下田勝司　印刷・製本／中央精版印刷
東京都文京区向丘1-20-6　郵便振替00110-6-37828　発行所
〒113-0023　TEL(03)3818-5521　FAX(03)3818-5514　株式会社 東信堂

Published by TOSHINDO PUBLISHING CO., LTD
1-20-6, Mukougaoka, Bunkyo-ku, Tokyo, 113-0023, Japan
E-mail：tk203444@fsinet.or.jp

ISBN978-4-7989-0140-4　C3031

東信堂

- 国際法新講〔上〕〔下〕　田畑茂二郎　〔上〕二九〇〇円　〔下〕二七〇〇円
- ベーシック条約集〔二〇一二年版〕　編集代表 田中則夫・薬師寺公夫・坂元茂樹　二六〇〇円
- ハンディ条約集　編集代表 松井芳郎　一六〇〇円
- 国際人権条約・宣言集〔第3版〕　編集 松井・薬師寺・坂元・小畑・徳川　三八〇〇円
- 国際機構条約・資料集〔第2版〕　編集代表 香西茂・安藤仁介　三二〇〇円
- 判例国際法〔第2版〕　編集代表 松井芳郎　三八〇〇円

【現代国際法の思想と構造】

- Ⅰ 歴史、国家、機構、条約、人権　編集代表 松田・田中・薬師寺・坂元　六二〇〇円
- Ⅱ 環境、海洋、刑事、紛争、展望　編集代表 松田・田中・薬師寺・坂元　六八〇〇円
- 小田滋 回想の海洋法　小田滋　七六〇〇円
- 国際法　浅田正彦編　二九〇〇円
- 大量破壊兵器と国際法　阿部達也　五七〇〇円
- 国際環境法の基本原則　松井芳郎　三八〇〇円
- 国際立法—国際法の法源論　村瀬信也　六八〇〇円
- 条約法の理論と実際　坂元茂樹　四二〇〇円
- 国連安保理の機能変化　村瀬信也編　二七〇〇円
- 国際法から世界を見る—市民のための国際法入門〔第3版〕　松井芳郎　二八〇〇円
- 医師・看護師の有事行動マニュアル〔第2版〕　井上忠男　一二〇〇円
- 解説 赤十字の基本原則〔第2版〕　J・ピクテ 井上忠男訳　一〇〇〇円
- 赤十字標章ハンドブック　井上忠男監訳　六五〇〇円
- スレブレニツァ—あるジェノサイドをめぐる考察　長有紀枝　三八〇〇円
- 難民問題と『連帯』—EUのダブリン・システムと地域保護プログラム　中坂恵美子　二八〇〇円
- ワークアウト国際人権法　中坂恵美子・徳川信治編訳　三〇〇〇円
- 国連行政とアカウンタビリティーの概念　蓮生郁代　三二〇〇円

〔21世紀国際社会における人権と平和〕〔上・下巻〕

- 国際社会の法構造—その歴史と現状　編集代表 山手治之・香西茂　五七〇〇円
- 現代国際法における人権と平和の保障　編集代表 山手治之・香西茂　六三〇〇円

〒113-0023　東京都文京区向丘 1-20-6　TEL 03-3818-5521　FAX03-3818-5514　振替 00110-6-37828
Email tk203444@fsinet.or.jp　URL:http://www.toshindo-pub.com/

※定価：表示価格（本体）＋税